南正時

鉄道「大百科」の時代

実業之日本社

EF65 530
さくら
SAKURA

機関車、特急列車快走！

寝台特急「さくら」
東海道本線　湯河原―真鶴
僕の一番好きなブルートレイン牽引機はEF65の500番台。僕がブルートレインを撮り始めた頃は断然このEF65Pが多かった。「さくら」のヘッドマークも「ピンク桜」、だからこの写真は最も気に入っている「さくら」だ。

エル特急「とき」

上越線　敷島—渋川

我が国の特急電車の始まりは「こだま」、その名残の181系が上越線の特急「とき」と中央線の「あずさ」に蘇った。僕は夢中で撮った。

とき

エル特急「有明」と急行「ぎんなん」

鹿児島本線　植木―西里
581系「有明」と475系急行「ぎんなん」の離合。僕のお気に入りの撮影地で粘った成果だった。

急行「能登路」

七尾線　能登三井
まだC56が走っていた時代の七尾線にはヘッドマーク付きキハ58系の急行列車も走っていた。僕は夢中になって撮影した。

急行「津軽」

東北本線　白岡－蓮田
懐かしい急行列車だった。初めて東北へ機関車撮影に旅したときが、この「津軽」だった。機関車はD51より古い兵（つわもの）のEF57、大好きな機関車だった。

特急「おおとり」

函館本線　大沼ー大沼公園

白鳥形といわれたキハ 80 系は優美な姿をしていた。キハ 80 系を初めて見たのは中学 2 年生の時、米原駅の「白鳥」だった。

エル特急「やまびこ」と「はつかり」

東北本線　松川ー金谷川

共に東北本線全盛時代の特急電車で、「やまびこ」は東北新幹線で復活したが、「はつかり」は廃止されてしまった。

20系寝台特急勢ぞろい

東海道本線　品川駅

品川駅のホーム先端から品川客車区を見ると20系がずらりと出番を待っていた。バックマークの地色が施されている貴重な時代のことだった。

「あさかぜ」の朝

ブルートレインでの食事は楽しい。朝ごはんは瀬戸内海を眺めて朝日を浴びて食べるひとときは特にうれしかった。

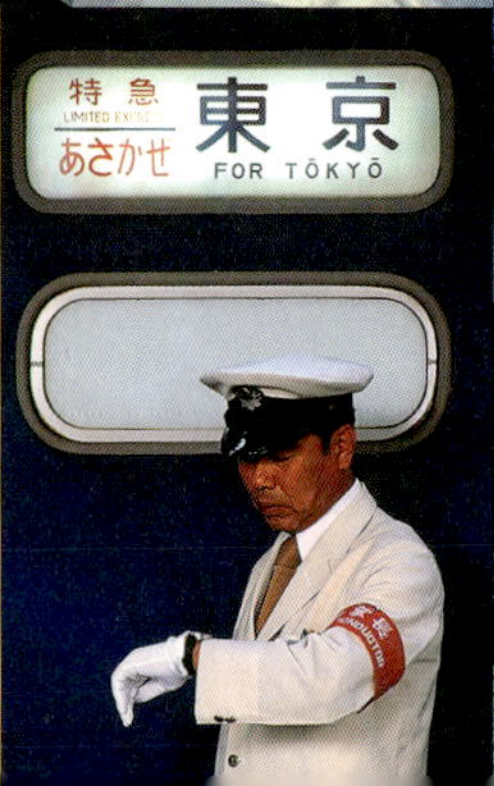

「あさかぜ」の車掌長

取材した車掌長はまもなく定年を迎えるベテランカレチ。ひとつひとつの動作に鉄道員の重厚な仕草がにじみ出ていた。

東海道本線　東京駅

この時代、東京駅に行くと、当時の鉄道少年たちがブルトレにカメラを向けていたが、誰もが行儀がよくマナーを守っていた。

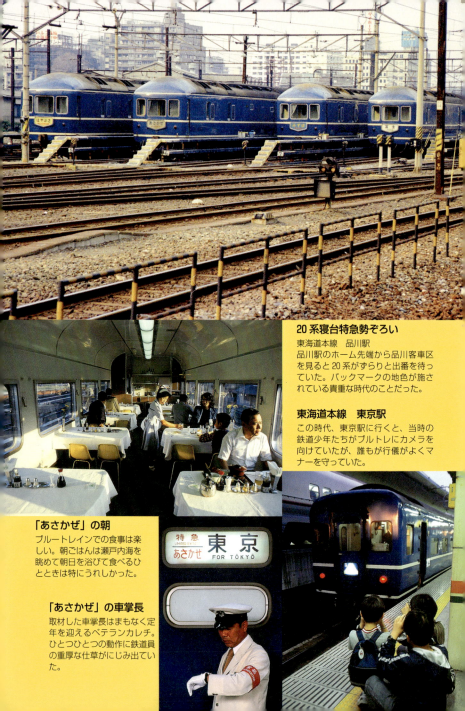

特急「ゆうづる」

東北本線　上野駅

寝台特急全盛の頃、上野駅からは次々と北へ夜行列車が旅立っていった。「ゆうづる」も最盛期には４往復を数えた。このEF80に引かれる「ゆうづる」は記憶に薄い。

特急「さくら」

東海道本線　大垣－新垂井

関ケ原に向かう深夜の「さくら」。山﨑友也カメラマンは幼い頃、この写真を見て鉄道カメラマンになる、と決心したという。

C55 形蒸気機関車

宗谷本線　南稚内駅

旭川－稚内を結んでいた普通列車を引いていた C55 は、身支度を整えて終着駅稚内に向かって行った（昭和 48 年）

急行「ニセコ」　函館本線　二股－蕨岱

見よ！　この堂々とした急行列車「ニセコ」の姿を。この数年前まではC62重連が牽引して峠を越えていたのだ。

特急「富士」

日豊本線　宮崎－南宮崎
夕暮れ迫る大淀川橋梁を長旅を終えた最長距離列車「富士」が、西鹿児島に向けてラストスパートをかけた。DF50のヘッドマークがまぶしかった。

C55形蒸気機関車の休息

日豊本線　都城機関区
本線の仕業を終えた門デフ装着のC55が青い明りに照らされて機関区で休んでいた。この機関車は吉松駅に静態保存されている。

C12・混合列車は行く

高森線　中松ー阿蘇白川
阿蘇山が小爆発中に高森線を訪れた。噴煙上がる南郷谷をタンク機関車がのんびり走っていた。

C58 33号機　根室本線　厚岸駅

C58 33号機のデフ板にはJNRマークが付いていて人気があったのだが、この機関車はどこへ行ってしまったのだろう。

D51と日本海

山陰本線　滝部ー長門二見
青い海をバックに長工デフと呼ばれた変形デフのデゴイチがやってきた。印象的な機関車だった。

9600形重連の峠越え

米坂線　羽前沼沢ー手ノ子
朝の通勤通学列車は長大客車を牽いて老練キューロクが重連で運用にあたり、峠を越えていた。

晩秋の佐久平　C56

小海線　太田部－龍岡城
のどかな佐久平の秋、ここには高原鉄道の面影はない。この辺りは高速道路、新幹線の駅などですっかり風景は変わっている。

吠える D51

室蘭本線　栗丘－栗山
長い石炭貨車に石炭を満載したデゴイチが吠えるような汽笛を鳴らし、必死の形相で迫ってきた。

電化前の C61

奥羽本線　津軽湯の沢－碇ヶ関
電化間近の奥羽本線を C61 の牽く旅客列車がやってきた。乗客と子供たちとのひとときの交流があった。

列車交換の際には安全確認のタブレット交換が不可欠だった。

美山駅では気動車と交換した。国鉄カラーのキハ35、当時の越美北線のエース気動車だ。

■蒸気機関車添乗取材——越美北線の 8620 形機関車に乗る

機関士の正装「ナッパ服」といわれる機関士姿で添乗取材をした。機関士は子供のころからの夢だった。

夏に機関車に乗ったので運転席は猛烈に暑い。たちまち汗が噴き出してきた。機関士と機関助士は大変な仕事だと思った。

ボイラーの圧力を保つため、ボイラーに石炭を絶えず投げ入れる。「ほら、勾配に差し掛かるぞ」と機関士の言葉に、投炭作業にも力が入る。

ヨーロピアン機関車 DD54
播但線　長谷ー生野
当時の西ドイツとの技術提携によって誕生した機関車だったが、それほど長生きの機関車ではなくいつの間にか姿を消した。京都鉄道博物館で静態保存されている。

「ゆのくに」と離合

北陸本線　南条ー湯尾

まだ文字マークの「雷鳥」とすれ違う和倉温泉直通のＤＣ急行「ゆのくに」。「雷鳥」はサンダーバードに名を変えた。

エル特急撮影の聖地

北陸本線　敦賀－新疋田

「鳩原ループ」から新疋田駅までのカーブ区間は古くから鉄道写真の名所。僕は電化直後にここでED70を撮り「雷鳥」「しらさぎ」を撮ってきた。ループに入る高架で下り「雷鳥」と顔を合わせた瞬間だ。

「はつかり」583系

鉄道少年たちの憧れ583系電車の運転席。ここは意外と狭いんだよ。

キハ181系「しおかぜ」

予讃線　宅間－海岸寺

まだ電化されていない予讃線の代表特急は181系気動車による「しおかぜ」だった。この気動車は力強い印象だった。「リニア・鉄道館」に保存車がある。

走るワイドスクリーン

名鉄パノラマカー

最前部のパノラマカーはワイドスクリーンの映画を見ているような迫力で、ネオン管によるスピードメーターが 100km/h を越えると大喜びだった。

小田急ロマンスカー

小田急線　秦野ー鶴巻温泉

小田急ロマンスカー「はこね」号の新旧の出会い、左NSE、右LSE。LSE は 2 編成が今も健在なのは嬉しい。

夢の超特急「ひかり」

東海道新幹線　米原－岐阜羽島

僕は東海道新幹線が大好きだ。それも0系新幹線電車が。僕の18歳のときに「夢の超特急」は開業して、夢が現実になった。

東北新幹線 200系

仙台

この写真は東北新幹線開業直前の時に許可を受けて撮影したピカピカの200系。この電車も今はない。

栄光のつばめマーク C62 2号機

函館本線　倶知安

小樽を発車したC62は峠を越えて倶知安駅でしばし小休止のあと、行く手に迫る上目名の急勾配に挑む。C62 2号機は京都鉄道博物館で動態保存されている。

「富士」を背に富士快走

東海道本線　三島－函南
朝日を浴びてヘッドマークを輝かせて「富士」が東京を目指す。背後には新雪の富士山が見送っている。

「さくら」と特急「さくら」

東海道本線　菊川－金谷

「さくら」は日本の花。なんとか桜と組み合わせて撮りたかった。何度も現地で探して、ようやく撮影したのがこの一枚。日本的な風景のブルートレインが撮れたと自慢している。

山型のヘッドマーク「冨士」

東海道本線　菊川ー金谷
本来ならば貨物機関車であるEF66が寝台特急を牽引したのには驚いた。ヘッドマークも往年の山型ヘッドを付けて走り始めた。サプライズブルートレインといったところだった。

「あさかぜ」発車

山陽本線　下関
機関車を取り換えて「あさかぜ」が旅立つ。ベテラン車掌長がドアを閉めた。「発車！」の声がホームに響いた。

「あさかぜ」の乗客

一夜が明けて故郷の九州に戻る婦人だろうか。夜行列車は便利でいいですねぇ……と話していた。

■新生JR、誕生したばかりの「北斗星」

——豪華寝台特急「北斗星」が誕生したとき、僕はJR時刻表の表紙、グラビアを担当していて、さまざまな「北斗星」を特写した。

フランス料理のコースが楽しめたダイニングカー「グランシャリオ」。

「北斗星」初お目見えのとき尾久客車区で時刻表のグラビア写真を撮った。シャワー室にモデルさんを入れての宣伝写真。

尾久客車区に登場したピカピカの「北斗星」の24系客車。「北斗星」のテールマークを最初に見た時は胸が熱くなり、外観、車内を撮った。

DD51 重連「北斗星」

室蘭本線　大岸－豊浦
走り始めた当初は原色のDD51が重連で牽いていた。その後、専用塗装に変更になった。原色は短期間だったので、この写真は貴重な「北斗星」になった。

青函トンネル内の「北斗星」

津軽海峡線　吉岡海底駅を通過。
時刻表のグラビア撮影で特別に青函トンネル内の撮影が許可された。JR職員の立ち合いの下で、トンネル内を100km/hで走る「北斗星」を激写。青函トンネル内の「北斗星」の写真はこの日限りで唯一のものだ。

分厚くて、カッコよかった大百科。

昭和50年代、鉄道少年たちの手元には必ず「大百科」があった。
鉄道のことは、写真の撮り方は、全て「大百科」が教えてくれた。
いまなお「元・鉄道少年」たちの心の中に思い出として強く残っている
ケイブンシャと実業之日本社の「大百科」シリーズ。
30年以上を経て、いま、改めてひもといていこう。

はじめに

まだインターネットやパソコンがない時代、出版界と鉄道が全盛期の昭和の時代。新宿の雑居ビルの片隅の小さな出版社でケイブンシャの鉄道大百科シリーズの第一弾『世界の鉄道　機関車・電車大百科』が誕生しました。この本は、著者にとっては予想外の展開を見せて、全国の鉄道愛好者の少年たちに受け入れられ、その後多くの鉄道大百科が生まれました。このシリーズは今日の私の基礎を築いたエポックメイキングな出版で、また当時の鉄道界に少なからず話題を与えた本であり、ブルートレインブームの先駆けとなった本、と評価してくださる方も少なくありません。

当の本人は、人生の中での通過点の一つの仕事と思っていたのですが、インターネットが発達し、スマホが普及するネット社会になると、これらの大百科を懐かしむ声があちこちでささやかれるようになりました。ネガティブなサイトでは「あんなチャッチィ本……」なんて陰口も叩かれていたようでしたが、最近になって、当時の鉄道少年たちが40代、50代の立派な大人になり、「少年の頃に親しんだ大百科シリーズを今一度」とか、現在の「撮り鉄」ブームにあって「しっかりした鉄道本を作ってほしい……」という声も耳にしました。

3年前に始めたフェイスブックでは、立派な大人になった「鉄道少年」たちとのつながりも持つようになりました。その中で「ぜひ、復刻本を」とか「懐かしいあの頃の鉄道に戻りたい」という声も多く聞かせていただきました。復刻本も真剣に検討しましたが、何しろ当時は製本も悪く、現存する本はほとんどなく、復刻は厳しいとわかりました。さらにはデジタルメディアの発達により、雑誌、書籍などの出版は極度の不況に陥り、「文字と紙文化」はこのまま廃れるのではないか……という状況に追い込まれていきました。しかし、私は信じていました。書籍、雑誌は決してなくなることはないと。

私を支持してくださったかつての鉄道少年たちの何人かは、鉄道好きが高じて鉄道書籍の編集者になられた方々もいらっしゃいました。この本の企画を取り上げて実現してくださった実業之日本社の磯部祥行編集長も大百科で育ち、鉄道書を手掛けるのが夢で、今回その思いが叶ったのが本書です。

多くの「鉄道少年」たちの思いと応援が、この本を実現させました。昭和50年代の良き鉄道と、そこに存在していた「鉄道少年」たちに謹んでこの本を贈りたいと思います。

もくじ

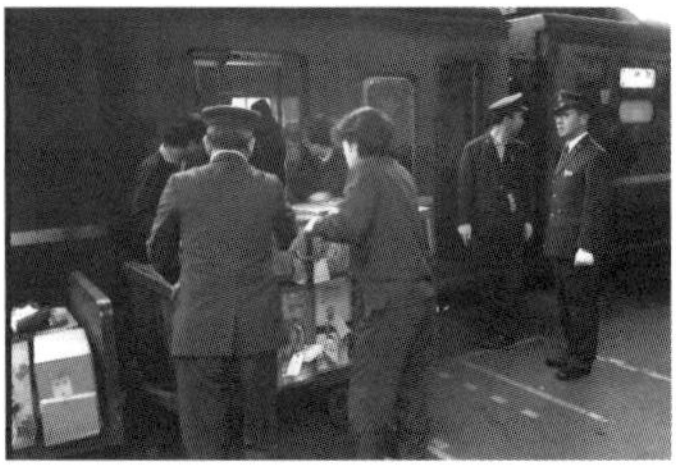

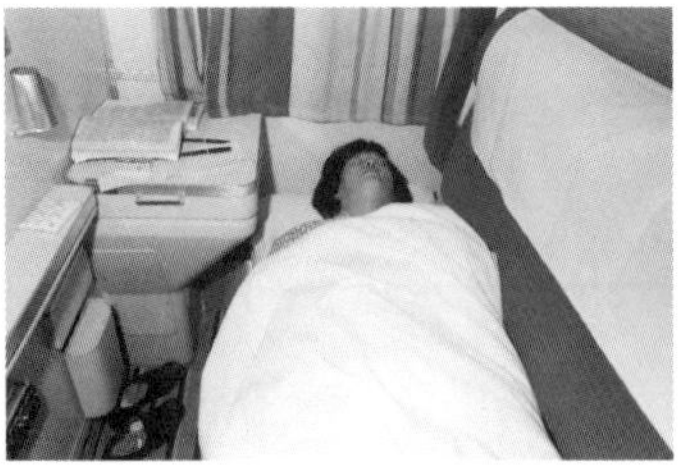

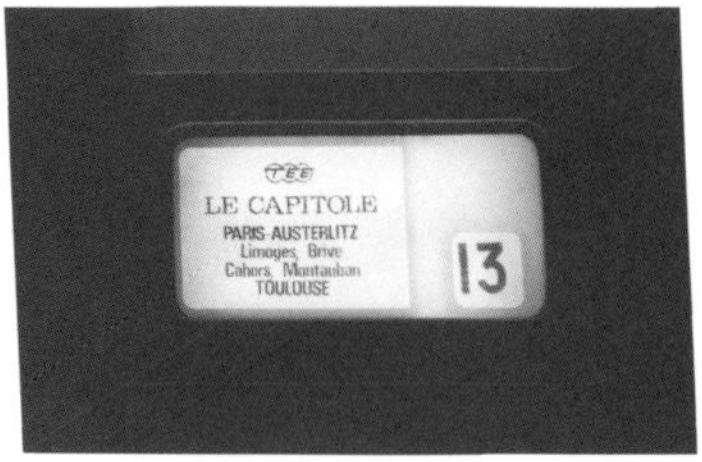
TEE
LE CAPITOLE
PARIS-AUSTERLITZ
Limoges, Brive
Cahors, Montauban
TOULOUSE
13

第1章

再現

ブルートレイン

「富士」同乗記

ブルートレインの王者「富士」号は、すでに君たちも知っているとおり、走行距離では日本一を誇る特急だ。走行時間は実に24時間26分というロングランなのだ。この「富士」には24系25形の寝台車を使用し、B寝台はすべて2段式で、A寝台はすべて個室で、この新型個室はヨーロピアンタイプの個室だ。さあ、君たちをこの豪華な「富士」の旅に招待しよう。

『特急・急行大百科』掲載のものを元に構成しています。一部、写真の差し替え、追加、削除があります。また、写真原版がみつからず、当時の誌面からスキャンした写真もあります。取材は昭和52年3月16～17日。記述内容は当時のものです。

最長距離を走るブルートレイン「富士」

個室に乗って西鹿児島へ！

まず「富士」に乗務する車掌さんたちが所属する「東京車掌区」から「富士」の一日は始まる。東京車掌区は東京駅の丸ノ内側の二階にあって、ブルートレインに長年乗務しているベテラン車掌さんたちが多い。

ズラリ並んだ車窓さんの道具が入ったカバン。列車ダイヤ、ランプ、検札用パンチ、その他、いろいろな物が入っている。下は列車無線機。車掌と機関士が話し合うための無線機だ。

今日「富士」に乗務する堀内専務車掌が持ち物を点検している。忘れ物があったら大変だ。

「富士」の個室切符

個室はコンピュータでは買えない。みどりの窓口で駅員さんがつくってくれる、手書きの切符だ。個室1万1、3000円、特急券2、8000円、乗車券8、3000円、計2万4、1000円。東京↔鹿児島の飛行機代が2万2、7000円だから、飛行機より高いのだ。

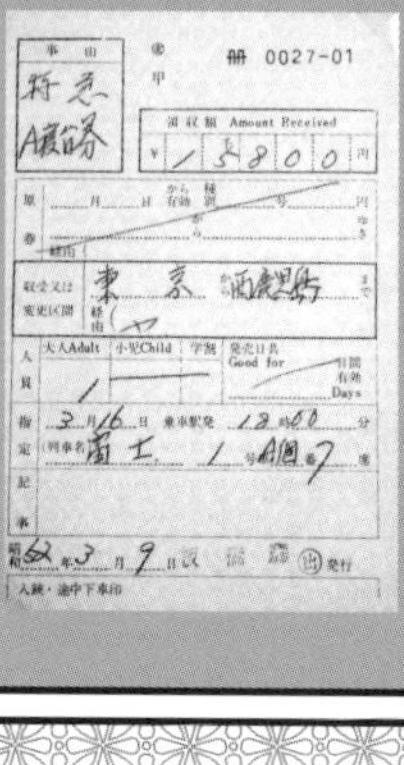

さあ、いよいよ「富士」の乗務が始まる。16時頃点呼を受ける。「○○駅のホームは工事中だからアナウンスを忘れずに……」と助役さんが伝える。飯塚乗客係車掌といっしょだ。

点呼を受けて車掌区を出発する。これから品川客車区にある「富士」まで行くのである。東海道本線の回送電車で品川へ向かう。ホームで電車を待つ間、「今日も無事で……」と頭の中で祈っている。

品川客車区へ到着。客車だけの「富士」が長いブルーの車体を休ませている。

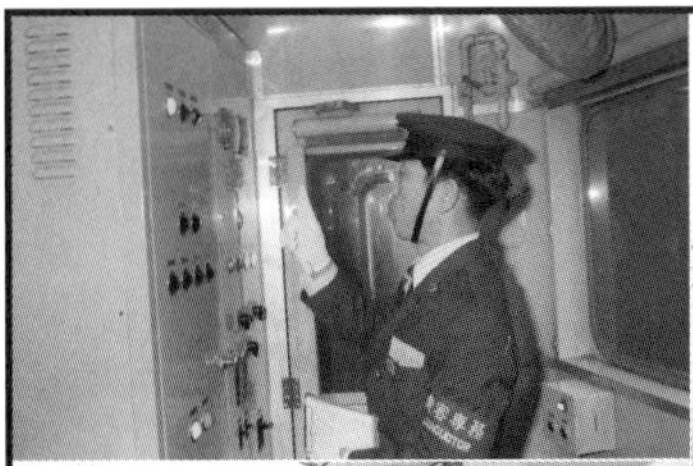

さっそく、堀内、飯塚両車掌の点検が始まる。水は満タンか？ ドアーランプは？ 長い列車をスミからスミまで見てまわるのだ。

やがて東京機関区から「富士」をけん引するEF65がやって来た。

連結作業を終えて、「富士」は東京駅に回送される。

東京駅に回送された「富士」は、東京駅を通りすぎ神田の近くで機関車をつけ換えて、再び東京駅13番ホームに入ってくるのだ。17時40分入線。

東京駅では、飯塚車掌のほかに皆川車掌長（写真左）と豊竹車掌が乗る。皆川車掌長が飯塚車掌と打合せに忙しい。

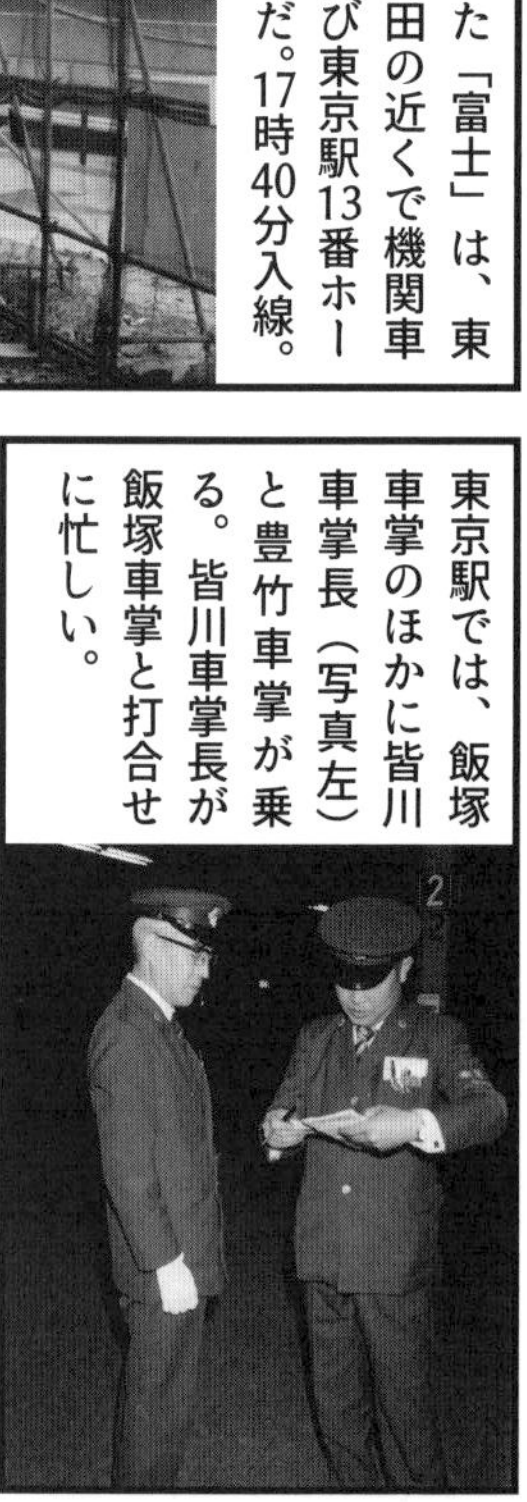

先頭車はカニ（電源、荷物車）を連結している。九州方面への新聞原稿やTVニュースフィルムを積み込む。

入線してから20分後、18時ちょうど、「富士」はEF65に引かれ東京駅13番ホームから長い旅に出発する。

「富士」の列車ダイヤ。東京—熱海間。

「発車！」機関士の信号確認。主幹制御ハンドルをゆっくり引くと「富士」はしずかに動き出した。夕暮れの東京を発車した「富士」は、レールのジョイント音を響かせて、一路九州へ向かった。

皆川車掌長のアナウンスが始まった。皆川さんは車掌歴30年以上の大ベテラン。ブルートレインには15年近く乗っている。スピーカーから流れる皆川さんの声は貫禄たっぷりだ。

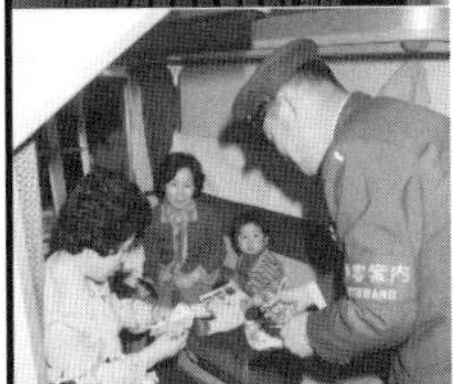

皆川車掌長のアナウンスが始まると、二人の乗客係車掌が検札に出かける。「こんばんは」個室のドアをノックして検札。

検札が終わると今度は日本食堂のお兄さんが車内販売にきた。コーヒーやジュースは、眠る前の軽い飲み物だ。

「富士」は夜の東海道線を走っている。眠る前に「富士」の車内を見学してみよう。

B寝台。すべて2段式のゆったりタイプ。最初からセットしてあって、眠るときはセルフサービスでシーツを敷く。

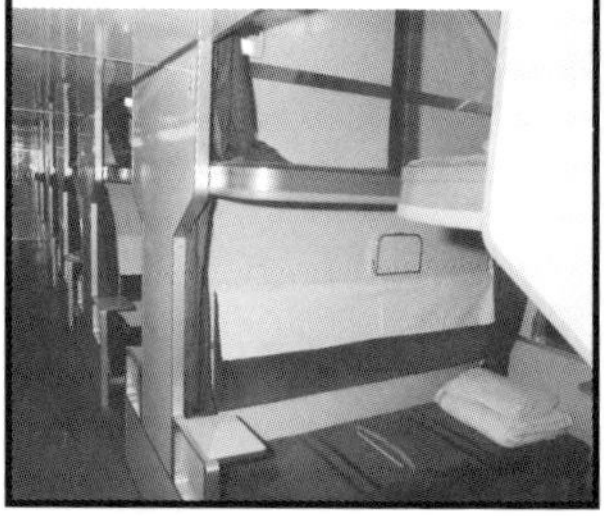

24系25形の新しい個室。完全コンパートメントで、ホテルなみの設備だ。ベッドにする前はソファーになっている。洗面所、空調ボタンもついている。もちろん浴衣つきだ。

洗面所とトイレ。タンク式だからいつでも使用できる。

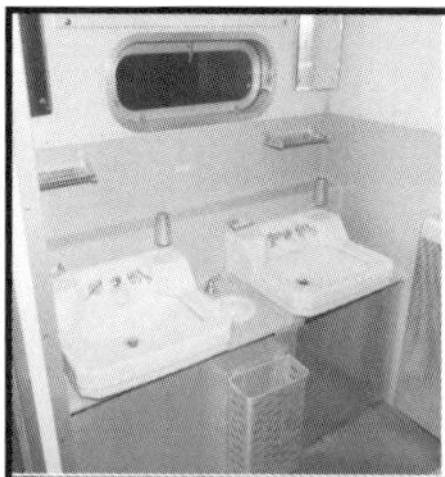

アナウンスなどをする車掌室と、車掌室にあるいろいろなボタン。冷暖房や、ライトの点滅ボタンがズラリ。右の大きなダイヤルは側面の行先表示ダイヤルだ。

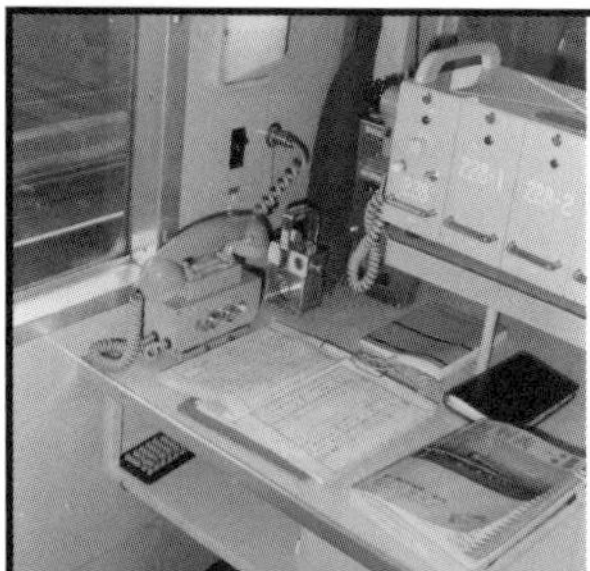

食堂車。長距離列車にはかかせない車両だ。九州の郷土料理もあるよ。

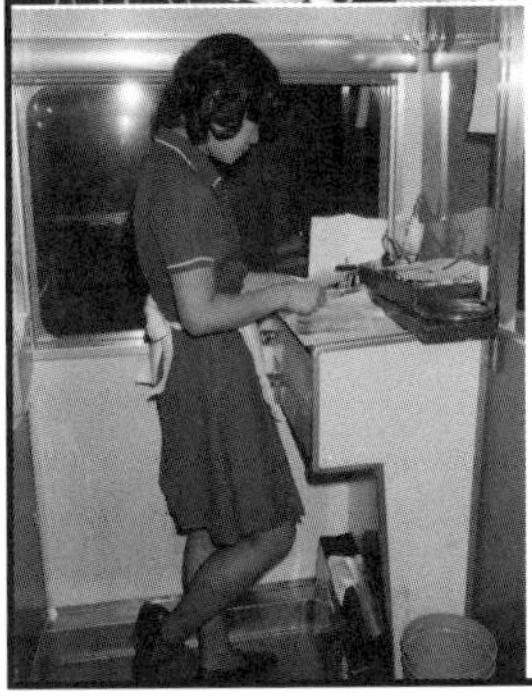

食堂車のおネエさん。言ってもなんにもくれないョ。お世辞を

ブルートレインのすべての電気を起こす、電源車。強力なディーゼルエンジン発電機があるのだ。

「富士」の車内を見学しているうちに、いつの間にか浜松に着いた。21時25分着、2分停車だ。

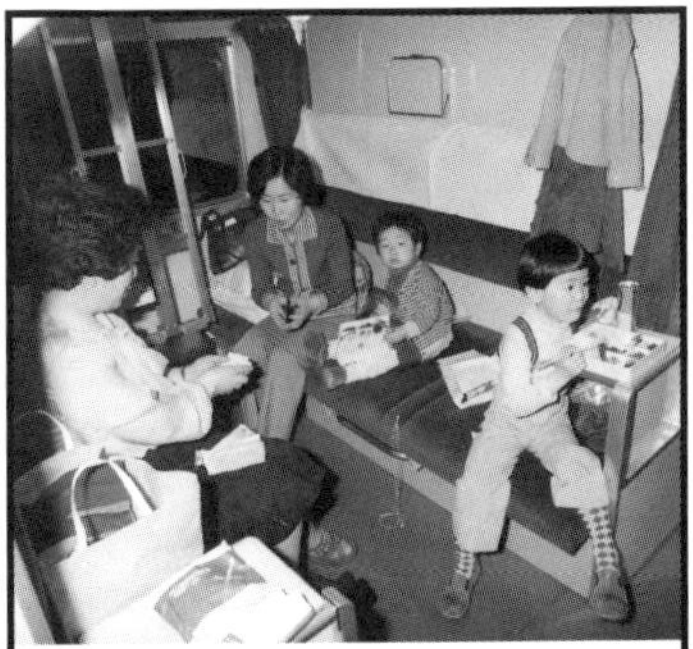

家族旅行にはぴったりのコンパートメント。汽車に乗るとよく食べられるんだよね。

「富士」の乗客は、名古屋で乗る人たちでオシマイ。夜11時近い。ベッドの中ではもう眠っている人も多い。

名古屋を発車すると飯塚車掌、豊竹車掌が窓のカーテンを降ろす。

夜11時をすぎると車掌さんたちもホッと一息。皆川車掌長を囲んで今日の出来事をいろいろ話し合う。

車掌さんの夕食は11時30分頃、食堂車の営業が終わってからだ。左写真は飯塚さんと豊竹さん。豊竹さんは奥さん自慢のお弁当持参だ。おいしそう。

ひっそりとした食堂では、食堂勤務の人たちが夜食を食べている。

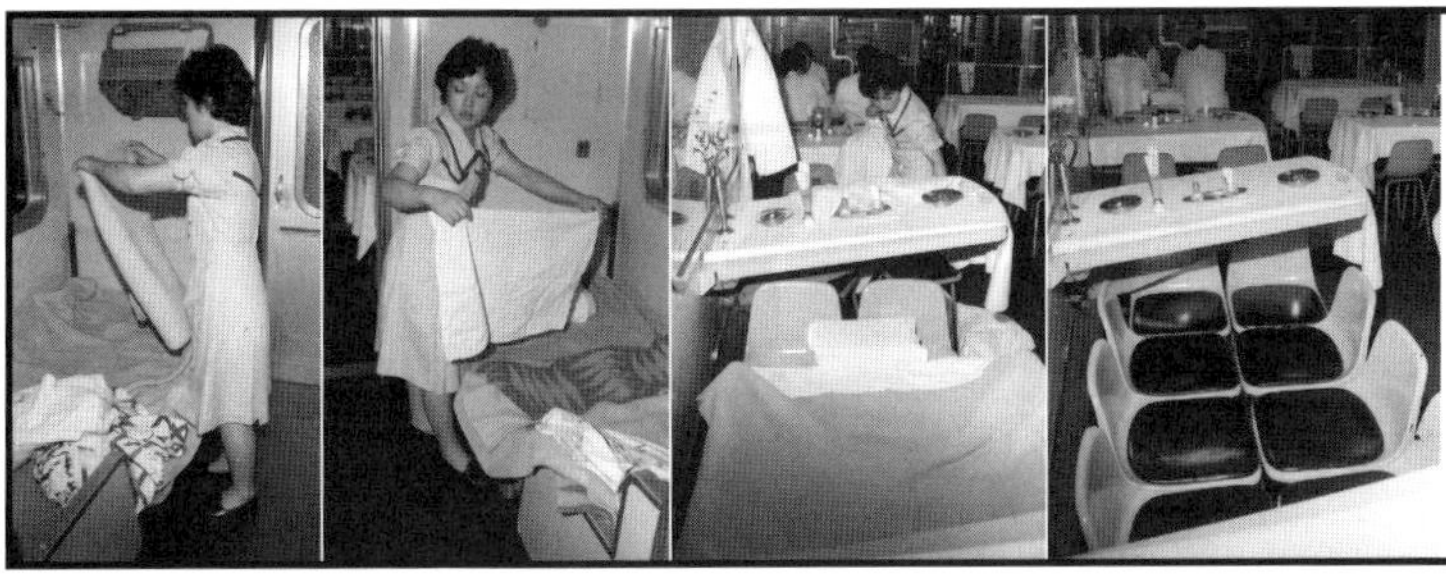

食堂車勤務の人の寝床は食堂車。

午前3時、乗客はすべて眠っている。皆川車掌長が各車を見まわっている。「富士」号は車掌さん、機関士さんたちの力で走っている。

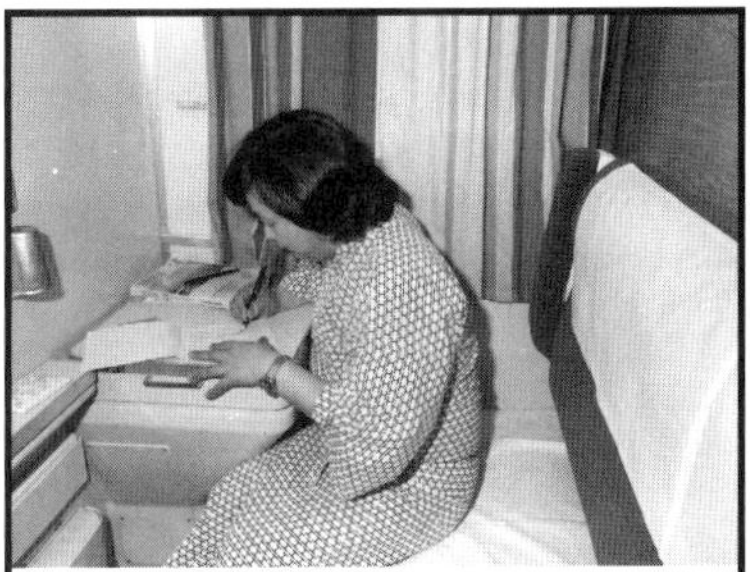

12時をすぎると南記者も個室に戻って浴衣に着替えた。洗面所は机がわりになり、原稿を書くのに便利だ。

7時1分柳井着。上りのホームのEF58が引く荷物列車を追い抜いた。朝のホームは人もまばらだ。

目をさましてカーテンをあけると、瀬戸内海が朝霧に包まれていた。

小郡をすぎる頃、まだ少し眠いが起きよう。机がわりのフタを取ると洗面所に早がわりだ。

朝食を食べに行くと、君たちと同じ鉄道ファンが二人いた。おこづかいをためて、あこがれの「富士」に乗ったそうだ。君たちもおこづかいをためてブルートレインに乗ってみないか?

下関にいた鉄道ファンに、「君はブルートレインが好き?」と話す皆川車掌長。

個室から後ろを見ると、長い編成のブルートレインが全部見えた。

9時9分下関到着。ロングラン運転してきたEF65が切り離され、ステンレス製のEF81が関門トンネル内を引く。通行票を渡す皆川車掌長。

関門トンネルに入る直前、山陰線経由の「まつかぜ」とすれちがう。

約7分で関門海底トンネルを抜けると、ここはもう九州だ。

門司でEF81から交流EL、ED76が「富士」を引く。ヘッドマークがないのはちょっぴりさみしい。

朝日輝く九州を快走する「富士」。

11時30分、別府着。温泉の街らしく、駅の表示にも♨マークが入っていて、楽しい。1分停車。

別府から13分で大分に着く。

車掌さんも交代。東京から長い間乗務していきた車掌さんともお別れだ。「お世話になりました」。

ここで「富士」は7~13号車の切り離しが始まる。1~6号車が終着まで行くのだ。

大分車掌区の長峰車掌長（左）と大城専務車掌が西鹿児島まで乗務する。「よろしくお願いいたします」

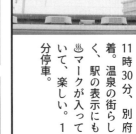

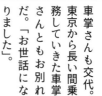

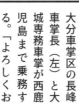

佐伯を出発して直見駅で「富士」は運転停車のため止まった。上り、L特急「にちりん5号」を待つのだ。

タイフォンを鳴らして485系の「にちりん」が通過して行った。

日豊本線の難所「宗太郎峠」を越えて、「富士」は、かろやかに下り勾配をかけおりる。

延岡のひとつ手前「北延岡」でも運転停車だ。14時2分から4分間停車する。その間に上り「富士」と交換するのだ。最初の上り「富士」との交換は深夜の山陽本線内だから、二度目の「富士」の交換だ。ロングラン特急らしい。ED76に引かれた「富士」が通過した。そして延岡着14時15分、「富士」は九州内のローカル特急の役目もするので、延岡からの乗客が乗り込んできた。

延岡を出発して美々津付近でコンクリートの橋桁が見えてきた。「新幹線の工事かナ?」これはリニアモーターの実験線なのだ。延々6㎞。まもなくリニアモーターカーが走る予定だ。

途中の駅で再び「にちりん」と交換。もうすぐ宮崎だ。

15時40分、宮崎着。日豊本線の電化は宮崎までだから、長い間ELのお世話になった「富士」も、ここから先はDLのDF50に引かれる。ブルートレインを引くDF50は珍しい。

8分停車の後、「富士」は西鹿児島へ向けてラストスパートをかけた。（大淀川鉄橋を渡る「富士」）

田野駅で上り「彗星2号」と交換、24系25形同士のブルートレインの交換だ。

青井岳への急勾配を登る「富士」。陽はすっかり西へかたむき、ブルーの車体に西日がキラリと光った。

青井岳では、DF50の引く「富士」を写す鉄道ファンが四人、「富士」を出むかえた。

16時51分、都城着。吉都、志布志線へ多くの乗り換え客が降りた。

霧島神宮をすぎて日が落ちた。東京を出てからすでに24時間近く、二度目の夜がやってきた。

重富をすぎると鹿児島のシンボル「桜島」が見えてきた。時間は18時0分。次の下り「富士」が東京を出発した頃だ。現在、上下合わせて三本の「富士」が走っているのだ。

18時26分西鹿児島着「富士」の長い旅路の終着駅だ。

鹿児島車掌区で乗務終了の点呼。「異常ありません」「ごくろうさん」。長峰車掌長たちは明日の上り「富士」に乗るまでは休みだ。

車内に忘れ物がないか、車掌さんが全部の車両を見てまわる。

だれもいない西鹿児島駅ホームには、「富士」が長い旅路のつかれをいやしていた。「ごくろうさん富士号」、「明日もがんばれよ」と声をかけながら駅前のホテルへ向かった。「さようなら「富士」号!」

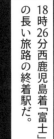

第2章

鉄道「大百科」カタログ

（注）

・カバー・中面は、初版時と重版時で変更になっているものがありますが、ここでは現存する本を使用しました。

・「著」「監修」「共著」などは、奥付の表記によります。

・誌面の写真は、ノド（綴じてある方）が影になっていますが、製本の性質上、貴重な本が壊れる可能性があるため、無理に開いての撮影はしておりません。

・定価は初版当時のものです。消費税のない時代です。

（資料協力　青森恒憲・福島久登）

ケイブンシャ No.5

写真と図解で全213機紹介!

世界の鉄道 機関車・電車大百科

蒸機をメインに日本の機関車と世界の蒸機、日本の特急・急行を紹介した、記念すべき鉄道の大百科第一弾。「蒸気機関車同乗記」として8620形の添乗記。機関区や博物館を訪ねた記事や「SLと鉄道の歴史」「もの知り事典」なども。写真・資料提供に大塚康生氏のクレジットがある。

昭和51年2月20日初版
600円
カラー64P+モノクロ288P
南正時監修

ケイブンシャ No.10

決定版ブルー・トレインのすべて

世界の鉄道 特急・私鉄大百科

EF65P 形牽引時代のブルートレインや特急列車を大々的にフィーチャーしつつ、全国の私鉄大取材を敢行、私鉄や路面電車の全網羅紹介記事がある。スペックが充実している海外記事は「世界の豪華列車・路面電車」、同乗記は「さくら」。イラストクレジット「南治男」とは…？

昭和 51 年 9 月 20 日初版
600 円
カラー 64P ＋モノクロ 288P
南正時著

ケイブンシャ No.13

これ一冊あればキミは鉄道博士だ！ 鉄道もの知り大百科

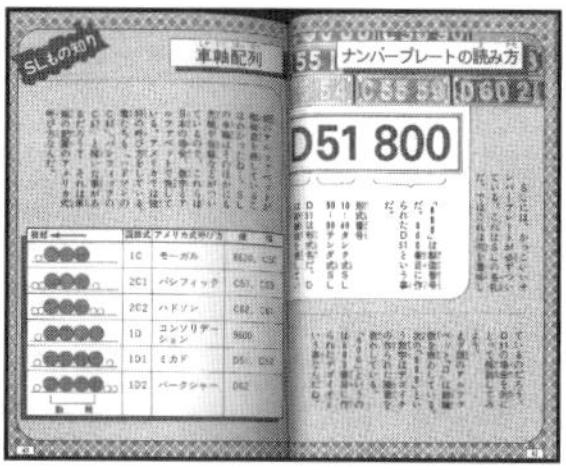

鉄道の基礎知識を得るのに最適な本。「SLもの知り」「電車もの知り」など車両雑学の後、駅、きっぷ、運転、制度、歴史、日本一、などが詳しく記されている。「同乗記」ではないものの「大井川鉄道のSLに乗ろう」という同様の記事がある。昭和57年に改訂し、カバーなどが変わった。

昭和52年2月20日初版
500円
カラー32P＋モノクロ256P
南正時著

ケイブンシャ No.15

国鉄の特急・急行全列車紹介!!

日本の鉄道 特急・急行大百科

「急行」までも網羅した画期的な内容の本。全列車の、走行区間・距離・走行時間・表定速度を掲載。特に気動車や電車のローカル急行の写真や記事は貴重で、このテーマは類似本もなかった。「同乗記」は本誌に再録した「富士」。昭和 59 年に改訂版が出ている。

昭和 52 年 6 月 20 日初版
600 円
カラー 64P ＋モノクロ 288P
南正時著

ケイブンシャ No.20

世界の鉄道大百科

豪華国際特急のすべて

ヨーロッパ現地取材!!日本の電気・ディーゼル機関車のすべて!!

蒸機は「機関車・電車大百科」で徹底的に紹介したため、本書は「日本のEL」「日本のDL」に全体の3割ほどを割く。続いて「世界の鉄道」「世界の機関車」「国際列車の旅」。同乗記はミストラルと出雲の2本立て。「もの知り百科」では世界と日本の鉄道を比べる。

昭和53年2月20日初版
600円
カラー64P＋モノクロ288P
南正時著

ケイブンシャ
No.36

最新ヘッドマーク特急大集合！

決定版——特急のすべて
特急大百科

国鉄・私鉄、外国特急が一堂に会した本。データはより詳しく、列車番号や撮影場所まで詳述。昭和53年10月改正で登場した絵入りヘッドマークの話題が多い。同乗記は「あさかぜ1号」、「もの知り百科」はダイヤ改正の内容だ。昭和60年に改訂、231番となる。

昭和54年2月25日初版
600円
カラー64P＋モノクロ288P
南正時著

ケイブンシャ No.54

決定版 不滅のSL 蒸気機関車大百科

世界の蒸気機関車名鑑／山口線C57徹底ガイド！

国鉄制式機、私鉄や専用線、外国の蒸機を網羅。三美運輸や川崎製鉄千葉、貝島炭鉱などの蒸機までも紹介、少年たちの想像力を強く刺激した。スイスのB.R.B.には6ページを割く。同乗記は運転開始したばかりの「やまぐち号」と大井川鉄道の2本立て。

昭和55年2月25日初版
600円
カラー64P＋モノクロ256P
南正時著

ケイブンシャ
No.59

キミもこれで特急博士だ！

特急もの知り大百科

車両や列車、歴史、運転など、さまざまな「もの知り」が満載。やはり対象は国鉄・私鉄・外国がほぼ同じ割合で、「大百科」シリーズらしい。同乗記は「白鳥」。「鉄道相談室」コーナーでは特に撮影に関しての質問が多い。えがしら剛氏のイラストが奔放で楽しい。

昭和 55 年 5 月 25 日初版
600 円
カラー 64P ＋モノクロ 288P
南正時著

ケイブンシャ
No.70

鉄道模型大百科

Nゲージのすべてを知ろう！

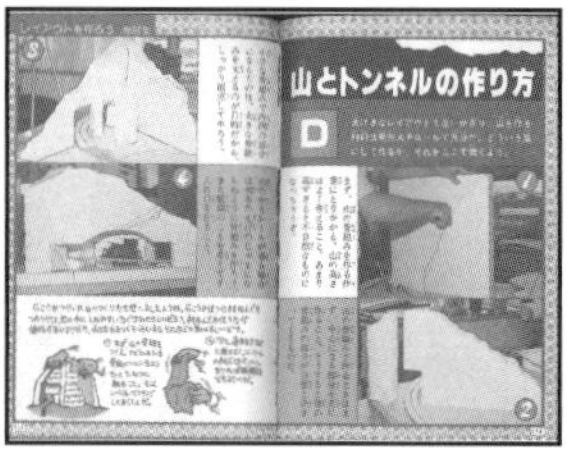

Nゲージの仕組みからレイアウトの作り方、車両キットの作り方や改造法、修理法まで紹介。車両や機器のカタログが80ページほどを占める。編成の解説では厳密な知識とともに、実物にこだわらず「自由に楽しむ編成もいいね！」と「楽しみ」を教えてくれる。珍しい2色刷。

昭和55年11月20日初版
650円
カラー16P＋2色刷256P＋モノクロ48P
南正時（共著）・撮影

ケイブンシャ
No.90

鉄道写真大百科
この一冊であすからキミは名カメラマン

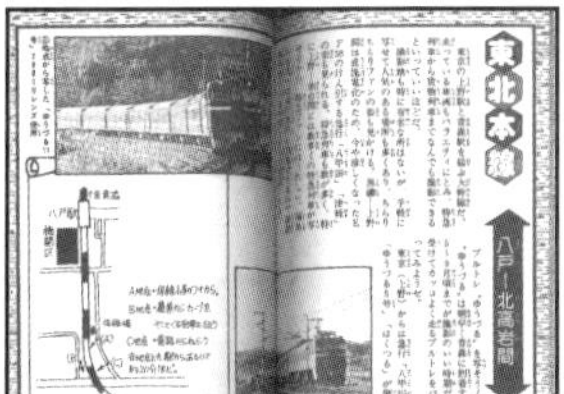

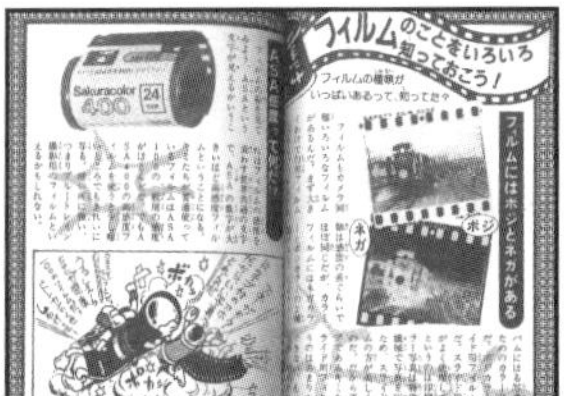

昭和56年8月15日初版
650円
カラー64P +モノクロ256P
南正時著

巻頭カラーには露出やフィルムまで撮影データが詳しく載る一方、コンパクトカメラでも十分に楽しめることを教えてくれる本。いま読んでも十分通じる内容で、全国の撮影地ガイド、そして同乗記ではなく、えがしら剛氏の漫画による撮影取材レポート「あずさが駆ける甲州路」がある。

ケイブンシャ No.329

JRジョイフルトレイン最新情報！ ジョイフルトレイン大百科

国鉄末期に全国各地で登場し、JR化後は加速度的に増えた、団体専用車両「ジョイフルトレイン」。客車が主体で、古い気動車の改造車もある。百花繚乱という言葉がふさわしいが、そのほとんどはすでにない。同乗記は「JRの各車と争える私鉄の特急」ということで、小田急HiSE。

昭和63年5月20日初版
680円
カラー48P＋モノクロ176P
南正時写真・文

ケイブンシャ No.337

新JR特急大百科

最新のJR特急情報満載!

No.302として刊行されていた同名書を、青函トンネル・瀬戸大橋開業をふまえて改訂したのが本書。飛躍的に増えた特急の網羅で1冊まるごと使っている。同乗記はえがしら剛氏によりさらに漫画ぽくなり、「北斗星1号」と「C62ニセコ」、旅行作家の檀上完爾さんがゲスト出演している。

昭和63年8月2日初版
680円
カラー32P＋モノクロ224P
南正時構成・文・写真

ケイブンシャ No.446

JR&私鉄／最新車両徹底紹介
最新鉄道大百科

JR 化後の新型車両や新しい列車の紹介だけで、十分に 1 冊が成り立つ時代になった。同乗記は「伊豆パノラマの旅」と「ぶっとびタンゴエクスプローラー」の 2 本だて。「写真の撮り方」では当時大ヒットしていたパノラマ写真の鉄道での効果的な使い方をレクチャー。

平成 3 年 5 月 21 日初版
700 円
カラー 32P ＋モノクロ 192P
南正時構成・文・写真

実業之日本社

こどもポケット百科

ブルートレイン決定版／最新版

列車別詳細データと全知識

寝台特急と夜行急行、寝台車を連結した夜行普通の全列車を紹介。牽引機や車両、歴史や撮り方まで、まさに「決定版」。折り込みピンナップも嬉しい。昭和 55 年 10 月改正に合わせて「最新版」に改訂した。青や赤の 1 色刷もあるのが本シリーズの特徴だ。

昭和 54 年 8 月 1 日初版／
昭和 56 年 1 月 1 日
600 円
カラー 48P ＋ 1 色刷 296P
南正時・長谷川章監修・執筆

実業之日本社

こどもポケット百科

国鉄全線大百科

全241路線の完全紹介　全線写真つき

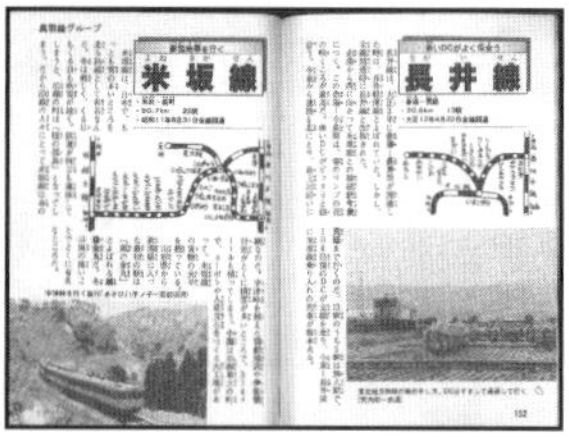

全446ページ、圧倒的なボリュームで、国鉄全線をガイドする。区間、駅数、営業キロ、全通年月日というデータは子供たちには必須。路線図は全てえがしら剛氏の手書き（138ページ参照）。国鉄末期に廃止になった路線群も、すべて収録。巻頭折り込みカラーは会津線会津滝ノ原駅。

昭和55年4月20日初版
650円
カラー48P＋1色刷398P
長谷川章監修・南正時取材

実業之日本社

こどもポケット百科

私鉄全線大百科

全私鉄98社の最新データと知識　全線写真つき

大都市の通勤電車からローカル私鉄、ナローなどを全網羅。国鉄編より各路線のページ割り当てが多い。巻末には「こんな鉄道もある」として日鉄鉱業尻屋、日本海金属、立山砂防軌道などの産業用路線も一部収録。巻頭折り込みカラーは鹿児島交通加世田車庫。

昭和 55 年 8 月 20 日初版
650 円
カラー 48P + 1 色刷 380P
南正時・長谷川章監修・執筆

実業之日本社

こどもポケット百科

国鉄全車両決定版

形式別全データと知識　国鉄車両の歴史

昭和 56 年 8 月 25 日初版
650 円
カラー 48P ＋ 1 色刷 398P
南正時・長谷川章監修

旅客用全形式と、代表的な事業用車と貨車を集めた大ボリュームの本。これで知られざる形式を知った読者も多いはず。旧形国電が最後の活躍を見せていた時期でもあり、新旧の車両が混在する。巻頭折り込みカラーは ED75 500 ＋ 51 系と福知山駅構内。

実業之日本社

こどもポケット百科

1983少年鉄道年鑑

日本の鉄道のすべて

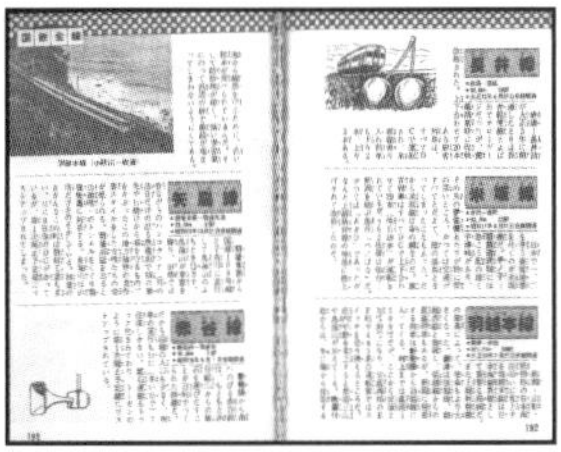

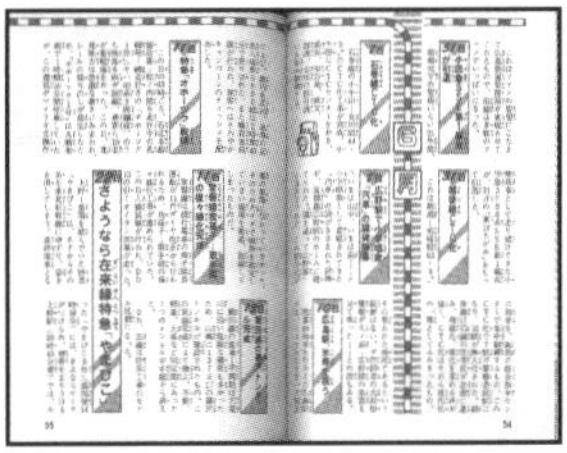

年鑑の体裁をとった、資料的価値のある本。巻頭は東北・上越新幹線開業を中心に、1982年の鉄道ニュースを月ごとに紹介。まるで雑誌のようなスタイルの造りだ。「国鉄車両`82」「国鉄全線`82」「私鉄・公営鉄道`82」として既刊を再編集して最新情報をまとめている。

昭和58年6月20日初版
650円
カラー32P＋1色刷292P
南正時・長谷川章監修・執筆

実業之日本社
ヤングセレクション

南正時編集長　ぞくぞく登場ジョイフルトレイン全紹介

カラー版
最新鉄道大百科

JR化直後であり「JRなんでもQ&A」から始まる。「国鉄115年をいろどる車両たち」で国鉄を振り返りつつ、さまざまな新型車両、新列車を詳しく紹介。そして「ぼくの超いそがし日記」として連日、日本から海外まで飛び回る取材記を公開している。

昭和62年8月17日初版／
昭和56年1月1日
750円
カラー96P＋1色刷192P
南正時著

昭和54年1月／352ページ／600円。写真は昭和57年の改訂版。フィルムカメラの基礎知識や考え方はいまでも通じる内容。そしてカメラカタログ。

昭和54年4月／カラー64枚／690円。南正時監修・写真・文。絵葉書のようなカード式で、1葉ずつ切り離せる。国鉄・私鉄の特急よりも、外国の写真のほうがずっと多い。

『鉄道大百科』平成12年6月／364ページ／752円。車両や旅行、歴史などの基礎知識をわかりやすく説く。

ケイブンシャと実業之日本社の「大百科」いろいろ

ここで紹介したすべては南氏が関わったA6判の「大百科」だが、南氏が関わったすべてではない。ケイブンシャ、実業之日本社とも、国会図書館にもすべてが所蔵されているわけではないようで、シリーズの全貌はとても把握しづらい。実物を見ても、クレジットが完璧というわけでもなさそうだ。

ケイブンシャのシリーズはいくつか改訂されている。カバー写真と通巻を変更したものと、していないものが混在し、『全私鉄大百科』などは、初版は真島満秀氏の写真で作られ、のちに南氏特写版が刊行されている。また、鉄道がテーマでも南氏が関わっていないタイトルもあれば、『カメラ大百科』のように、一部を南氏が担当している本もある。

実業之日本社には同時期に「こどもカード百科」というシリーズがあり、そのうち『世界の特急・急行大集合』が南氏の写真・文で刊行されている。なお、昭和60年頃から「ヤングセレクション」シリーズとなった。鉄道がテーマの本は平成12年6月の『鉄道大百科』が最後だ。

（文・編集部）

大博士シリーズ（桃園書房）

当初は「少年ものしり百科」のちに「TOEN MOOK」。若干薄め。

コロタン文庫（小学館）

鉄道友の会が監修についたものが多く、資料性が高い。内容は非常に高度なものもある。

ポケットカード（講談社）

絵葉書のようなカード式で、1葉ずつ切り離せる。カタログのようになっている。

大全科シリーズ（秋田書店）

双葉社と同じシリーズ名だが、こちらは書籍扱いだったようだ。

大全科シリーズ（双葉社）

「なんでもプレイ百科」。カバー装ではない、いまのコンビニ本のような作り。

百花繚乱、各社の分厚い児童書たち

昭和50年代は、各社から多くのシリーズが発刊されていた。コロタン文庫以外は南氏が写真を提供しているものがある。タイトルには、ケイブンシャ、実業之日本社もそうだが「最新版」とつけているものが多い。当時はそれがウリだったのだ。

各社とも、分厚い紙で大ページ、巻頭カラー＋モノクロ、という体裁は同じ。当時は各社のこうした本が書店の一角を占めていたのだ。鉄道と特撮ものが人気だった。

内容は、機関車・特急を中心としたカタログ型で、カバーは機関車か最新型車両のものが多い。また「鉄道写真の撮り方」にも多くページが割かれている。

（文・編集部）

第3章

写真家・南正時と「大百科」の誕生

■自叙伝的鉄道大百科への道

私は福井県武生《たけふ》市（現・越前市）生まれですが、昭和42年（1967年）まで名古屋に住んでいました。昭和38年（1963年）には待望の35ミリ判カメラを購入し、昭和41年（1966年）には一眼レフのアサヒペンタックスSVをやっとの思いで手に入れました。でも、このカメラで鉄道を撮ったのはごくわずかで、高度成長期の名古屋の市電や人々の生活、風俗などスナップしていました。

名古屋栄交差点昭和 39 年。東京オリンピック直前名古屋市電を撮った。デパートの垂れ幕と共によい記録を残すことができた。

現在、私の手元にネガと写真が残っている当時の鉄道写真が数枚あります。一枚は名古屋栄交差点のスナップです。何の気なしに撮影したフレームの中に、栄交差点を行く市電と、バックに「オリエンタル中村」百貨店があり、そこには東京オリンピックの五輪の垂れ幕が下がっています。もう一枚は福井へ帰省した帰りの出来事です。

これは偶然に、数年前にネガの整理をしていたところ、「昭和39年6月帰省」というネガを見つけたのです。そのコニパンSSのラスト34、35、36の3コマに、高架線上を行く新幹線が写っていました。ネガには武生駅から乗った準急「しろがね」（名古屋―高山線―北陸線経由の循環ディーゼル準急）が写っており、その車窓から撮ったと思われる米原駅付近の

準急「しろがね」号の車内から撮影した東海道新幹線の試運転電車。これが僕の鉄道写真「公式」ファーストシャッター。（昭和39年6月）

新幹線の高架上の電車が捉えられていたのです。東海道新幹線開業4カ月前の「夢の超特急」試運転列車の姿でした。この、自分の写真ながら思わぬ「新発見」の写真が、私の鉄道写真のデビュー作と位置づけています。したがって、今でも東海道新幹線には特別な感慨を持っています。何といっても青春時代の「夢の超特急」でしたから。

私はこの名古屋時代には、好きなアニメーション（当時は漫画映画といっていました）を8ミリ映画で自主制作することに熱中しており、この年にその様子が中日新聞で大きく報道されたこともあり、日本初のアマチュアアニメサークル「東海アニメーションサークル」（TAC）を設立しました。このサークルは、漫画の神様・手塚治虫先生も興味を示し、先生公認の「日本初のアニメ同好会」になったのです。この時代の手塚先生の担当編集者だった方が、後年の実業之日本社刊行の鉄道大百科シリーズの遠山泰彦編集長だったとは、縁は異なもの……という感慨を持たずにはいられません。

■ルパン三世が取り持つ運命の出逢い

昭和43年（1968年）に上京し、あこがれのアニメーションの制作会社・Aプロダクション（現・シン

中野坂上時代のＡプロダクション。和洋折衷の建屋は後年、宮崎俊さんがトトロのミイちゃんの家の参考にしたという。（写真・大塚康生）

映像におけるルパン三世の作画監督、キャラクター設計の大塚康生さんと。平成27年和光市の自宅にて。（写真・なみきたかし）

エイ動画）に入社しました。この時代はスポコンアニメが全盛で、私は『巨人の星』に実際に登場する巨人軍の選手や、そのゆかりの地を得意のカメラで取材していました。後にAプロで『ルパン三世』のパイロット版が企画され、ここで日本を代表するアニメーター・大塚康生さんと運命的な出会いをするのです。

私は趣味のアニメが仕事になったことで、この時代から消えつつある蒸気機関車を、仕事の暇を見つけて撮影に行っていました。米坂線や、磐越西線、会津線などは夜行日帰り、小海線も日帰り、福井に帰省の時には中央西線や、関西線の加太《かぶと》越えに寄り道をしながら蒸気機関車に会いにゆきました。

ある日、米坂線で撮ってきた９６００《キューロク》形を大塚さんが見て「このキューロクの化粧煙突はいいねぇ、筑豊炭田には多くのキューロクがいてね」と言われ、大塚さんが蒸気機関車好きだということを知ったのです。さらに後日、大塚さんが中学生の頃、昭和19～20年（1944～1945年）にスケッチしたノートを見せてくださり、私は驚愕しました。精密な機関車が万年筆で、当時の粗悪な大学ノートにびっしりと描かれていたのです。C53、C54など貴重な機関車や、本線上のD52、C62などなど。

『ルパン三世』や『ムーミン』の初代演出家であるおおすみ（大隅）正秋さんも大塚さんとコンビを組んで作品を手掛けられていましたが、大塚、大隅、南のトリオは大塚さんのホビーでもあった軍用ジープのツアーにもしばし同行した遊び仲間でした。したがって大隅さんもジープから蒸気機関車に興味を示されるようになり、ある秋の日に会津に蒸気機関車撮影にご一緒したのです。日頃はアニメでご指導を受けている方ですが、この時ばかりは私のアシスタントよろしく会津線のC11を撮影して、山里の温泉で日頃の疲れを癒したのでありました。

ルパン三世のスタッフルームで演出のおおすみ（大隅）正秋さんと。昭和43年中野坂上のAプロにて。（写真・大塚康生）

こういう経緯もあって、私は大塚さんがアニメと鉄道界でも大先輩であることに尊敬の念を持つようになりました。これらの機関車やジープなどのメカものや、カーアクションは後々の『ルパン三世』シリーズに後輩の宮崎駿さんとともに大きく生かされるようになったのです。

この大塚さんの機関車絵は、2016年4月にクラッセより『大塚康生の機関車少年だったころ』として刊行されました。ささやかながら私が編集者を勤めさせていただいただき、大塚さんの機関車好きが50年の歳月をかけて出版されたのです。

『ルパン三世』が本格的にテレビ放送されると、東映動画から高畑勲さん、宮崎駿さん、小田部羊一さんなど私の憧れの人たちがAプロで仕事をするようになりました。大塚さんは私が撮ってきた機関車をいつも「いいねぇ、いいねぇ」とほめてくださったのですが、宮崎駿さんからは「なんだ、今頃SLかよ、そんなものより早くヨメさんでももらえよ」などと嫌味を言われたのも懐かしい思い出です。

ある日、『ルパン三世』の原作本を刊行している双葉社『漫画アクション』の編集者とカメラマンが、「ルパン三世のできるまで……」という特集記事の取材のためにAプロを訪れ、私がスタジオ内を案内しました。ひととおりの取材を終えて近くの喫茶店で雑談をしているとき、私は副編集長の御国訛りを聞き逃しませんでした。聞き覚えのあるアクセントは間違いなく福井弁です。副編集長が私と同県人ということで親しみが湧き、何度か週刊漫画アクションの編集部に行っているうちに、私の蒸気機関車の写真に興味を示し「ウチで連載しないか？　SLブームは必ず来るし……」という話をいただきました。こうして私の初めての鉄道写真連載が昭和46年（1971）に、鉄道専門誌でも趣味誌でもない、成人向けコミック週刊誌の巻頭口絵で連載が始まったのです。

週刊漫画アクションは当時、人気劇画、漫画、『ルパン三世』などの連載もあり、発行部数は百万部を超えていました。当初はアニメと鉄道写真の双方掛け持ちという状態でしたが、何しろ週刊誌のペースに本業がおろそかになり、この連載をきっかけに副編集長の勧めもあり、私はアニメーションの世界からフリーの写真家として独立しました。その時の大塚さんのはなむけの言葉が「南君はアニメの才能はないし、好きな写真の道に行ったら……？」でした。大塚さんは私への期待を込めて送り出して下さったと思っています。

この連載は3年間も続き、続編に近代鉄道を扱った連載に代わりました。このころに特急電車、ブルート

581系「有明」の出会いはケイブンシャの鉄道大百科シリーズ誕生のきっかけを作ってくれた。（鹿児島本線植木－西里）

レイン、ローカル線、路面電車など幅広く鉄道写真の世界に入り込んでいったのです。これらは一般誌での連載でしたから、以後他の雑誌や旅行誌、新聞などから蒸気機関車掲載のお話をいただき、さまざまなメディアで鉄道写真を発表してきました。

■いよいよ、鉄道大百科に

昭和50年（1975年）には、初めてヨーロッパの鉄道の撮影に出かけました。「国際列車」という言葉に憧れていたこともあり、日本の蒸気機関車が終焉を迎えようとしていた時代でした。この年の前年の春には南九州での最後の蒸気機関車の取材に訪れました。その帰路、八代から乗車した581系「有明」の指定席に行くと、私の隣のB席に、私よりは一回りも大きい恰幅のいい人がすでに座っていました。581系の昼の座席は、ご存じのように4席向かい合わせの窮屈なもので、「何も、よりによってデブが……」なんて自分のデブを棚に上げて心の中で思ったものでした。

すると隣の男が馴れ馴れしくも、私のカメラバッグを見て「何を撮られているのですか?」と話しかけてきました。私は少しご機嫌斜めながらも「ええ、蒸気機関車を撮りに来ました」と答えると、やおら内ポケットから名刺を取り出し「こういう者です。こんど昼メシでも食べにいらっしゃいませんか?」とさらに馴れ馴れしく言いました。

名刺には「旺文社・中一時代副編集長　中村……」とありました。私の態度が豹変したのはいうまでもありません。あまり邪慳にしなくてよかったと反省しきりでした。こうして中村さんとの出会いは後々、ケイブンシャの大百科シリーズに発展して行くのです。

帰京してから数日後に、旺文社の中村さんをお訪ねしました。そのとき中村さんから「ウチの雑誌のモノクログラビアに蒸気機関車を掲載しないか?」というお話をいただいただきました。『中一時代』といえば私の愛読書だったわけですから、まさかその本に私の写真が……と大感激したのを今でもはっきり覚えています。中一時代の巻頭のモノクログラビアに私の蒸気機関車の写真が掲載されたのは、それから2カ月後のことです。

今だから言えますが、当時中村さんは出版界に親交が深く、いろいろな編集者との付き合いがあったようです。ある日、水道橋で飲んでいるときに「南さんに会わせたい人がいるんだけど、南さん用の企画を提出してね」ということでした。後日、中村さんと共に会わせたいという編集者の元を訪れました。西新宿の小さな雑居ビルの二階の小さな出版社「勁文社《けいぶんしゃ》」でした。

前置きが長くなりましたが、この時に初めて勁文社を訪れました。私がこれまでに出会った中でも名編集長と言ってはばからない酒井征勇《まさお》さんとの出会いでした。当時の勁文社は本当に小さい出版社で、講談社出身の社長が「何か世間が驚くような本づくりをしたい」という熱意をもっておられましたが、スタートはソノシートを専門に出版している会社でした。編集部はだれもが若く生き生きとしていたことが思い出されます。

中村さんと酒井さんと私で近くの喫茶店で企画の打ち合わせがはじまりました。中村さんは私のことを盛んに売り込んでくれます。「漫画アクションで連載して一気に百万部に乗せた功労者」とか、「とにかくバイタリティあふれたカメラマン……」云々。それに対しての酒井さんは冷ややかに「でもねぇ、鉄道なんてヤマのもんともウミのもんともわからないし……」と、消極的でした。当時、勁文社ではすでに大百科を数冊刊行していました。子供たちのアイドル『怪獣大百科』とか『ウルトラマン大百科』『プロ野球大百科』とか。

ケイブンシャの大百科の編集部長酒井征勇さん（右）と次長鈴木（竹内）好和さん。

そこに鉄道が入り込んでくるのでしたから、酒井さんも神経質になったのでしょう。今思えば彼は少し、気が小さく神経質な面を持っていて、これが原因で後に何度が彼と衝突することもありました。

中村さんは「『中一時代』でSLを掲載したら、多くの読者から反響があった……」と、さらに企画を酒井さんに売り込みました。この「反響」に酒井さんの表情が変わりました。やはり子供たちの反応が大百科のすべてという酒井さんの気持ちが揺らいで「そうだね、とりあえず企画会議にかけてみよう」ということになりました。

編集部、営業でのSLの反応は思った以上にあったようです。すでにSLブームという言葉はほとんどの人が知っていましたから、営業としては「この辺でブームに乗り……」なんて営業方針があったのかも知れません。

後日、酒井さんと中村さんが渋谷の私の住まいを訪れて、企画が決まってヤルことになったと言いました。次に原稿料などの交渉に入りました。私にとってこの企画は初めて手掛ける本で、そのあたりのギャラの交渉は未知数でした。

酒井さんが示した提示額はやはり売れ行きが心配だったのか……今思えば「版売り切り」の条件だけでこの企画はおしまい……なんて気持ちだったのかもしれません。したがって私は「著者」ではなく「監修」という形で、印税方式ではなく買い取り方式で、売れても売れなくても80万円を支払う、とのことでした。中村さんも私もそんなに売れるとは思っていませんのでこれで進めることにしました。内容は営業からの強い要望でSLをメインに、電車やそのほかの鉄道もふんだんに入れる図鑑方式にしてほしいということでした。私は機関車だけにこだわりかったのですが、営業からの要望は絶対なのでそれに従いました。結果的には、何でも詰め込んで子供たちに情報を提供するという「小さくて分厚いカッコイイ本に情報がびっしり」という「大百科シリーズ」のコンセプトが子供たちに受けたのでしょう。こうして勁文社での鉄道大百科シリーズ第一作『機関車・電車大百科』という、ミスマッチとも私には思えるタイトルでスタートしました。

■『機関車・電車大百科』

当時の編集部には鉄道に詳しい人は誰もいなくて、それまで手掛けた怪獣モノや特撮モノには詳しい「怪獣オタク」はいても「鉄道オタク」は皆無で、それで本の内容は、とにかくなんでも入れてくれれば私に任せるということでした。

まず、日本の蒸気機関車を網羅することにしました。それまで私が撮ってきた蒸気機関車を中心に、古い機関車や資料は当時の「交通博物館」や国鉄本社の一階にあった「国鉄PRコーナー」などで写真を借りてきました。とにかくなんでも入れてくれというので、当時カッコいい鉄道として憧れであった海外の鉄道にまで及びました。当時の私はまだ海外取材の経験はなかったので、友人の長谷川章さんや、各国の大使館などを回って資料と写真を集めました。当時の各国の大使館は快く自国の写真を貸してくれましたし、国鉄ＰＲコーナーでは貴重な写真なども無料貸し出しのサービスをしていました。それに年に一度は「数字でみた国鉄」という小冊子を無料配布していて、これが私の貴重な資料となり、後日『鉄道もの知り大百科』の参考文献となったのです。

原稿執筆にあたっては、交通博物館、国会図書館などで鉄道資料をあさり、それを参考に執筆しました。さらに図版にしなければならないイラストは、知人の漫画家に依頼したほか、簡単な図表やイラストは昔アニメの仕事をしていたこともあり私自身で描きました。奥付のイラスト欄にはペンネームで掲載しました。これは初告白です。いろいろな鉄道知識を知ると、この本を書き上げる頃には私は立派な鉄道マニアになっていました。

昭和50年（１９７５年）、こうして勁文社の鉄道大百科シリーズの第一作『世界の鉄道　機関車・電車大百科』（南正時・監修）が出版されました。できあがった本は最初に国鉄のＰＲコーナーの広報に届けました。当時は子供向けの鉄道本はほとんどなく、「とても画期的な本だ、鉄道を子供たちに知らせる本……」と高く評価して下さり、ＰＲコーナーの図書コーナーの蔵書になりました。以後、国鉄広報部からは子供向けの鉄道本の刊行にあたっては多大な取材協力を受けることになりました。

『機関車・電車大百科』は事実上の最初の著書となった。

発売してしばらくすると編集次長の竹内好和さんから電話があり、「売れ行き順調で、注文が来てすぐ増刷する」ということでした。増刷するといっても印税は入りませんが、すぐ酒井さんが

『機関車・電車大百科』の表紙になった山陰本線浜田駅を発車するD51の別カット。その迫力ある姿に数枚連写したほどだ。（昭和48年／山陰本線浜田）

わざわざ家にやってきて「いいねぇ、鉄道がこんなに売れるとは……オレにも先賢の明があったんだ……」なんて自慢しました。

「何言ってんだ、あんなにビクビクしてたのに……」なんて私は内心はほくそ笑んでいましたが、酒井さんからは「すぐ、次の鉄道大百科を作ろう！　どんな企画がよいか……」との要望がありました。そこで私の憧れの鉄道だった「特急列車」をテーマに作ろう、と提案しました。

「それはいい、特急はカッコイイし、子供が好きだからねぇ」と企画は一発で決定しました。「特急もいいけれど、他にもいっぱい鉄道を入れてよ……」というあいかわらずの注文に、私は子供たちの身近にある「私鉄」を取り上げることになりました。こうして決定した第二弾が『特急・私鉄大百科』でした。

■『特急・私鉄大百科』誕生

この大百科がスタートするころには、西新宿の勁文社に打ち合わせなどでしょっちゅう出向いていました。編集部を訪れると営業の人があらわれて「南さん、これからも鉄道をよろしくお願いしますよ、大百科の目玉にしますから」と言われたり、酒井さんは営業や社長に先賢の明を盛んに自慢していました。

シリーズ第二巻『特急・私鉄大百科』は本格的な全国取材を敢行した。

第二作『特急・私鉄大百科』は「印税方式」で契約がまとまりました。売れればそれだけ印税が入る……という作家のような条件でした。それにある程度の売り上げを見込んで編集部では取材費、編集費の面倒も見てくれました。思えばこの時代はインターネットもスマホもなく、出版界は右肩上がりで出す本が売れた時代でした。勁文社でも大百科シリーズのほかに単行本『にわとりのジョナサン』（青島幸男著）がベストセラーになり、文庫本まで手を出し、書籍も好調で、中堅出版社に成長していました。

特急列車はある程度「撮り置き」写真がありますが、私鉄に関しては大手私鉄以外は改めて取材しなければなりません。北は北海道から南は九州まで全国縦断の私鉄行脚の取材旅行が始まりました。とにかく大百科には「すべて入れ込む」というコンセプトなので私鉄は全社掲載する意気込みの取材でした。

■月刊『レールガイ』のこと

『機関車・電車大百科』が売れたお陰で、私はあちこちのメディアから仕事をいただき、「南正時」の名も少しは知られるようになりましたが、鉄道マニアの間では謎の人物のままでした。元来、私の鉄道写真のスタートラインは大人向けコミック誌や一般雑誌など、いわゆる「鉄道マニア誌」とはまったく無関係でした。現在、私の親しい友人である荒川好夫さん、諸河久さん、井上広和さんたちは『鉄道ジャーナル』や『鉄道ファン』などの鉄道専門誌での仕事からスタートした方々でしたから、私はある日突然現れた鉄道界の異端

月刊『レールガイ』の前身『世界鉄道写真全集』はSL中心の大判グラフ誌だった。

月刊『レールガイ』誕生。創刊号の表紙は苫小牧機関区で特写したピカピカの新車DD51だった。

盟友レールガイの初代編集長長谷川章氏（1947-2013）と渋谷桜丘の編集室。左は発行人の関口方清氏。

児でした。

『特急・私鉄大百科』を取材、執筆中にも他社の仕事もこなしていました。その一つが月刊『レールガイ』という鉄道グラフ誌でした。当時、私が寄稿していた唯一の鉄道専門誌です。この出版社は渋谷・桜丘町のマンションの一室で「彰文社」としてスタートした会社で、実はこの編集部のすぐ近くのマンションに私の仕事場兼住居を構えていました。8階の私の仕事場からは、眼下に4階の「彰文社」の編集作業が丸見えという環境なので、当時の蒸気機関車の写真なども電話一本で即入稿できる恵まれた立地にありました。

彰文社の前身は『世界鉄道写真全集』という蒸気機関車の形式別の月刊グラフ誌を発行していました。全国の鉄道ファンからの寄稿で、中判、大判カメラで撮った機関車の写真で構成された、見応えのあるグラフ誌でした。

このグラフ誌が、後に編集長が変わり、昭和51年（1976年）に『レールガイ』として再スタートしました。発行人はこのマンションの住人で写真家の関口方清さん、そして新しく編集長に就任したのが長谷川章さんでした。鉄道ジャーナル編集部出身の長谷川さんはこれまでにも度々お会いしていた飲み仲間でしたが、ここで仕事の付き合いが始まりました。『レールガイ』創刊第一号はＤＤ51特集でした。表紙の写真は北海道の苫小牧機関区で私が特写したＤＤ51１０００番台の新車でした。当時はＤＤ51はＳＬを追い出したにっくき機関車でしたが、『レールガイ』ではこのような近代型車両を積極的に取り上げました。

話は前後しますが、この頃は『特急・私鉄大百科』の全国取材で飛び回っていた頃なので、長谷川さんからの注文の列車も兼ねて撮っていました。この頃デビューした阪急の名電車「５３００系」を特写してレールガイの見開きに掲載し、後に大百科シリーズでも使用しました。勁文社の取材費の「大判振る舞い」のお陰で、この頃は日本中の鉄道車両を撮りました。それが私の財産になりました。

■売り上げ好調「大百科」シリーズ

『特急・私鉄大百科』の取材は強行軍でした。一度に取材するのではなく、地方に行ったときのついでに訪れることが多くありました。特に大手私鉄は手軽に撮れるところから取材効率が高く、地方私鉄は運転本数が少ないためか撮影に難儀しました。

取材で岐阜県の中津町から下付知《しもつけち》まで伸びる22キロあまりのローカル私鉄「北恵那鉄道」を訪れたときのことです。この日は福井に帰省する年末でした。周遊券の途中下車の利点を生かして中央本線経由で沿線の私鉄を撮りながら、夜に中津川に到着して翌日に沿線撮影をする予定でした。夜、旅館から中津町駅に行き、下付知まで一往復することにしました。冷え込むといつの間にかミゾレがぼたん雪に変わっていました。吊かけモーターの音を響かせて、白熱灯の電球がいかにもローカル私鉄の風情を漂わせて「夜に乗ってよかった」とつくづく思いました。夜ですから車窓からロケハンもできないままに終着駅で折り返し中津川に戻りました。雪はますます降り続いています。水気を含んだ重い大きな雪でした。

北恵那鉄道。思わぬ大雪に電車は運休。しかし車庫では思いがけない写真が撮れ、『レールガイ』の口絵を飾った。北恵那鉄道中津町駅の車庫で撮影。

『特急・私鉄大百科』の表紙撮影中。国鉄東京機関区にて。（写真・勁文社編集部）

翌日は雲一つない冬晴れで新雪が眩しい絶好の鉄道写真撮影条件でした。勇んで中津町駅に向かうと、電車が止まっていました。「水気の多い思い雪で架線が損傷して、午前中は運休……」とのことでした。がっかりしましたが、しかたなく車庫の見学をしました。ここで思いがけない傑作が撮れたのです。古い電車の屋根に積もった重たい雪を初老の運転士が雪降ろしをしている光景に出くわしたのです。青い空をバックにした雪下ろし作業はまたとないチャンスで、私のキヤノンAE─1のパワーワインダーは連写しました。フィルムは低感度ながら高解像度の、いわゆるK《ケー》─Ⅱ《ツー》ことコダクローム25。私は北恵那鉄道を訪れた喜びを胸に中津川から特急「しなの」に乗り名古屋に向かいました。

後日、フィルムが現像所から上がってくると、私の思惑通りのドンピシャリの写真に仕上がっていました。たまたまこの時、『レールガイ』で私鉄特集を編集中で、この雪降ろしの写真が急きょ掲載されることになりました。

当時、印刷技術の関係で、カラー写真の投稿は中判か大判に限っていましたが、試験的にコダクローム25のこの写真を掲載しました。はたして印刷上がりは素晴らしく中判カメラと同等のシャープネスでした。以後、レールガイでは積極的にコダクロームを採用するようになりました。この「雪下ろし」の写真は『特急・私鉄大百科』のカラー口絵にも掲載した私の自信作の一枚になりました。

『特急・私鉄大百科』では人気のブルートレインを大きく取り上げることにして、表紙写真も東京機関区で特別に表紙用に特写することになりました。国鉄本社広報部に出向き、東京機関区で機関車にヘッドマークを取り付けての特写を申請しました。広報部では前作の実績から許可がでました。

撮影当日、私と勁文社の担当編集者と二人で品川の東京機関区を訪れました。ここは九州方面のブルートレインや旅客列車牽引用のEF58など人気機関車が集結している鉄道マニア憧れの機関区です。応対してくださったのは担当助役二人でした。「機関車はEF65500番台、ヘッドマークはどれにしましょう?」という問いに、すかさず「断然『さくら』をお願いします」とお願いし、EF65の先頭に「さくら」が輝きました。私はEF65500番台には「さくら」が似合うと思っていますから、そう決めました。助役さんも「1列車ですね……」と喜んでおられました。二人の助役さんが見守る中でEF65の正面を撮影しました。そのあとに機関区に収蔵されている「富士」「みずほ」などの名門特急のヘッドマークを特別撮影しました。もう、私の『特急・私鉄大百科』のデザインはこの段階で決まりました。

こうして勁文社の大百科10冊目、鉄道シリーズ2冊目の『特急・私鉄大百科』が私の著書として誕生しました。この本は私が力を入れて取材執筆した快心の本になりました。

この本ではいろいろな後日談がありました。まず、読者の反応が凄くよかったことです。連日編集部には読者の少年たちから手紙が届きました。中には自ら撮った特急やブルトレのサービス判のプリントが同封されていました。中には「撮影地を教えてください」とか「写真を批評してください」、「南さんの写真をください」というものまでありました。私も編集部もこういった反響を何とか次回の大百科に生かせないか……と思っていました。

この『特急・私鉄大百科』は売れました。当時私が確認しただけでも17刷まで版を重ね、大百科のベストセラーになりました。そしてブルトレブームという言葉も生まれ、駅には鉄道少年たちがカメラでブルトレや特急を撮影する光景が見られました。

この「大当たり」で勁文社ではますます鉄道書に本腰を入れるようになりました。そして、この企画が当たったから……ではないと思いますが、業績が伸び、西新宿の雑居ビルから中野の青梅街道沿いに5階建ての自社ビルを建てて、大百科の新しい拠点となりました。

私はこのときの印税でカメラを最新型のキヤノンに取り換えて設備投資して今後の取材に備えたのでした。

第4章

「大百科」の躍進　国鉄からＪＲへの時代

■ヨーロッパ乗り鉄と撮り鉄の旅

『特急・私鉄大百科』がひと段落したころ、私はあこがれの「国際列車」が走るヨーロッパに行きました。まだヨーロッパの鉄道の情報は乏しく、欧州におけるＳＬ撮影の先輩でもある長谷川章さんの勧めもあって、昭和50年（１９７５年）に羽田を飛び立ったのでした。

この時代、鉄道写真界で蒸気機関車を多く撮り、欧州までその範囲を伸ばされた先輩の写真家の方が、ある出版社で『ヨーロッパの鉄道』というフォトエッセイを出されました。早速、資料として見ると、彼が欧州の蒸気機関車の撮影のついでに「駅撮り」したと思われる写真ばかりでした。車両はたしかに欧州の車両ですが、沿線の風景、列車が走る風土性というものが表現されていないものでした。私は欧州の鉄道も「走り」の写真にこだわり、「ラインゴルト号」ならライン河のほとりを疾走する風景、「ミストラル号」ならブルゴーニュの風景を走る姿に憧れて、そこでモノにするんだと思っていました。したがって、右も左もわからない昭和50年（１９７５年）の10日間の渡欧は「乗り鉄」に徹して、それもできる限り各駅停車、準急列車に乗って車窓から撮影場所を探すロケハンに終始しました。ライン河沿いに差し掛かると目を凝らし、風景とカメラポジションを一瞬のうちに見定めて、地図や取材ノート、時刻表に記入しました。この旅では、駅に停車中の「ラインゴルト号」の先頭に立つ美しい流線形の特急列車牽引機、１０３形に一目惚れしました。こうして10日間のロケハンは終わり、帰国後にメモをまとめ、より詳しい地図に予定の撮影場所を記入し、次回に備えたのです。帰国後もおかげさまでいろいろなメディアから仕事が舞い込み、この頃はひと月の間に20日間は取材旅行という日々が続いていました。

二度目のヨーロッパ鉄道の旅は昭和52年（１９７７年）の６月でした。まだジャンボ機が就航していない

あこがれの TEE「ミストラル」号を撮った。(昭和 52 年／パリ・リヨン駅)

時代、エールフランスのB707「Tokyo Express」という、列車の名称のような飛行機でした。

　到着してまず訪れたのがパリ・オステルリッツ駅でした。夕泥《なず》むプラットホームにはツールーズ行「TEEキャピトゥール号」とボルドー行「TEEアキテーヌ号」が並んでいました。共にゲンコツ型といわれる機関車に牽かれたグランドコンフォートと呼ばれる豪華1等車を従えた編成に私はすっかり興奮してしまいました。この機関車によって両列車とも最高時速200㎞で走るのですから、ヨーロッパの鉄道のスケールの大きさにあらためて驚きました。

　憧れの「ミストラル号」は翌日、パリ郊外の田園地帯で撮影しました。駅から線路沿いの小道を歩き、以前にチェックした撮影場所にたどり着くと、そこは一面の菜の花畑でした。「ミストラル」をこ

パリ郊外をCC40100形に牽かれ200km/hで走るTEE「エトワール・デュ・ノール（北極星）」号。

のような風景の中で撮れるなんてなんという幸運でしょう。

次にドイツに入り、温泉で有名なバーデンバーデン駅で下車して駅はずれの直線区間で待望の「ラインゴルト号」を待ちました。

まず先頭を切ってやってきたのが「TEEローランド号」でした。この列車も103形の牽くTEE塗装が美しい客車を従えています。線路際のいわゆる「かぶりつき」のポジションにカメラを構えていると「ローランド号」は時速200km近い速度でアッという間に通過してしまいました。まさか在来線を時速200km、それも駅近くを……と驚きました。その8分後に「ラインゴルト号」が時速200km近い速度で目の前を通過しました。私のアサヒペンタックス67とキヤノンF-1のモータードライブでシュートしましたが、どれもシャッターチャンスの前に押してしまったようです。圧倒されました。それにしても素晴らしい103形の走りっぷりで、私はこの撮影後、ますます103形ファンになり、以後毎年のようにヨーロッパを訪れるようになりました。この昭和52年（1977年）の取材では、スイスの登山鉄道や終焉間近の西ドイツの大型蒸気機関車も撮影し、2週間のヨーロッパ鉄道の旅は充実した旅になりました。これも用意周到に事前にロケハンした成果だと思っています。

■初の急行列車のすべて

『特急・私鉄大百科』が好評だったので、以後『鉄道もの知り大百科』『特急・急行大百科』と続きました。もの知り……はこれまでの図鑑方式ではなく、鉄道の知識を幅広く紹介したものです。当然、東海道新幹線も紹介するわけで、その時に新幹線のライバルであったヨーロッパの国際特急との比較ができ、それまでにない鉄道の知識を掲載できたものと自負しています。この本は当初、営業サイドから「すべて見せる大百科の図鑑方式ではないのでは？」と言われましたが、これまでの大百科の勢いもあって、酒井さんが責任を取るという形でGOが出たものです。売れ行きは『特急・私鉄大百科』とまではいきませんでしたが、それでも8刷まで重版され、営業もまずは一安心といったところでした。

『特急・急行大百科』は元の図鑑方式に戻りました。内容としては当時の特急列車と急行列車のすべてを網羅して紹介する……というものでした。特急列車はこの時代、まだ絵入りではなく「文字」のヘッドマークで、この後の「絵入り」L特急ブームの先鞭を切ったという企画でした。問題は急行列車です。急行は特急と違い、本線を離れたローカル線に一日1本という運転だったり、夜に走行する列車もあって取材に苦労しました。とにかく、急行列車をすべて見届けよう、撮影が不可能なら行先表示板、急行名が入ったサボだけでも撮影して、完全取材をアピールすることにしました。以前の全私鉄取材よりも大変な取材でした。北海道から九州まで未撮影の急行列車を「乗り鉄」しながらの撮影旅行が始まりました。どうしても撮影できな

磐梯山をバックに走るキハ55系急行「あがの」。（磐越西線猪苗代－川桁）

DD51重連が牽く急行「ニセコ」。（函館本線小沢）

475系急行「兼六」。グリーン車2両とビュッフェ連結の堂々とした急行。(北陸本線敦賀－新疋田)

20系急行「銀河」東海道本線の名急行だった。(東海道本線大井町－品川)

い東京近郊の急行は、当時アシスタントをしてくれていた青森恒憲君に取材を任せて、私は日本縦断急行列車の旅に出たのです。

　この本も私にとっては会心の一冊になりました。今、この本が再評価されるようになりました。「当時の急行列車をすべて網羅した本は、これまでにない資料価値の高いもの」と再出版を望むファンも多くいるようですし、オークションでも高値を付けているようです。本の売れ行きも好調でこの本も15刷と版を重ねました。

『特急・急行大百科』の表紙写真を撮る。キヤノンAE-1にFD400mmF4.5SSCを手持ち撮影。（北陸本線武生ー鯖江）

■世界の鉄道大百科

大百科を支えてくれたひとり、青森恒憲君。今もハイアマチュアとして鉄道写真と模型を製作している「鉄道オタク」である。（144ページ参照）

我が国の鉄道ファンは国内の鉄道に関心を示してきましたが、海外の鉄道にはまったく関心を示しませんでした。「井の中の蛙」という言葉がありますが、鉄道の専門誌さえ海外の鉄道を扱うことはほとんどありませんでした。あってもファンのヨーロッパ旅行のついでに鉄道に乗った話とか、お気に入りの鉄道を紹介する記事ばかりでした。後年、月刊『鉄道ジャーナル』の仕事をするようになったころ、編集部からは「海外モノはダメなんだ、マニアの海外旅行記なんか出そうものなら、すぐ投書が来て、海外よりブルトレの列車追跡を載せろ、なんてこともしょっちゅう」と言われました。

私が海外の鉄道、特にヨーロッパの特急を取材するきっかけは、大好きな東海道新幹線なのです。「世界一の新幹線」ともてはやされてはいるものの、何を基準に世界一なのかと大きな疑問を持っていました。もっと世界の鉄道に目を向けて、日本の鉄道を評価して自慢してほしいという気持ちが強くあり、これからの鉄道を担う少年たちに世界の鉄道の現状を知ってほしくて『世界の鉄道大百科』の企画を提案しました。すると営業、編集部、酒井さんまでも「外国モノは人気ないんでしょ、どうかなあ」なんて否定的な答えばかりでした。それでも「かっこいい国際特急や、日本には見られないデザインの列車は絶対、子供たちにウケる」と訴えました。大百科のこれまでの実績もあり、なんとかGOがでました。この本ではブルートレインなど豪華列車を中心に図鑑化して「ではブルトレに匹敵する海外の列車は？」という私の気持ちをぶつけてみました。ヨーロッパ鉄道の取材の成果が生かされる本づくりを決心しました。

『毎日グラフ』を国際特急が飾った。これでTEEが一躍知られるところとなった。

ちょうどこの頃、毎日新聞の出版部との仕事の付き合いがあったので、昭和52年（１９７７年）に『最新ヨーロッパの鉄道』と題して毎日グラフに話を持って行ったところ、写真部長の一発返事で「やりましょう！」ということになり、同

伝説的な特急列車イタリアの「セッテベロ」号。ミラノ中央駅で撮影。

年10月23日号で「ミストラル号」の表紙を含め17ページの大特集となりました。これには鉄道ファンばかりではなく一般の人々の関心も呼び、続編として昭和55年（1980年）12月14日号には「ラインゴルト号」の表紙による「世界の超特急列車」が大特集されたのです。多分、当時の「海外嫌い」な鉄道趣味誌は地団駄を踏んだことでしょう。

昭和53年（1978年）には、本格的に、当時全盛を誇っていたヨーロッパ国際特急TEEを全列車撮るという意気込みで渡欧し、憧れの「ラインゴルト号」「ミストラル号」「エトワール・デュ・ノール号」などを撮影して、初めてイタリアの鉄道を訪れました。イタリアには日本の特急車両に大きな影響を与えた、ローマとミラノ間を結ぶ特急電車「セッテベロ」がありました。中学生の頃にその存在を知った憧れの列車でした。

朝、ローマのテルミニ駅から待望の「セッテベロ」に乗りました。７両すべてがファーストクラスでレストランカーとバーを備え、最前部と後部は展望席になっています。運転席を二階に持って行き、前面はワイドなパノラマ展望室です。そうです、名鉄パノラマカーや小田急ロマンスカーＮＳＥと同じスタイルです。ちなみに「セッテベロ」が先に登場しているので、名鉄も小田急もこの「セッテベロ」を真似たと私は理解しています。

取材を続けているうちに陽気な運転士や車掌、食堂車の人たちとすっかり仲よくなり、運転士が二階の運転席に招待してくれました。「セッテベロ」は新線区間の直線を最高時速１８０㎞で走っています。私はすっかり興奮して運転士さんを連写しました。するとやおら運転士さんが席を離れ手招きして私に運転席に座れというのです。何を言っているのか分かりませんでしたが、とにかく座れといわんばかりに私のキヤノンＦ－１モータードライブを取り上げて運転席に座っている私を連写しました。時速が１５０㎞に落ちたときに「そこを引いてごらん」というので、ハンドルを引くと、たちまち最高時速の１８０㎞に達したのです。こんなことってアリ？　私はすっかり舞い上がっていました。憧れの「セッテベロ」を数分間運転して最高速度に達したのですから……。それから私はフィレンツェ到着まで運転室を離れることはありませんでした。

短時間ながら「セッテベロ」を運転！　速度計は180km/hを指している。昭和53年。

この時の渡欧では、当時世界一といわれた「ミストラル号」

台湾（中華民国）の鉄道写真家第一号、呉柏青さんもケイブンシャの大百科の愛読者だった。

ヨーロッパ取材の成果を集めた『世界の鉄道大百科』。「富士」と「ミストラル」の対決？

もパリーニース間を完乗しました。憧れの豪華列車、国際列車の旅を撮って乗っての取材はその後の私の鉄道写真家生活の大きな礎となったのです。

こういった海外の鉄道を一般に「情報開示」したこともあって『世界の鉄道大百科』は当初の不安を払拭するほどの売り上げになりました。大百科を読んで多くの子供たちからファンレターが編集部に届きましたが、『世界の鉄道大百科』では中学生、高校生の年齢層が上の読者からも反響がありました。

これも後日談ですが、台湾で初の新幹線が開業した平成12年（2000年）年に新幹線初乗りを体験してきました。その日の夜に、私の翻訳本を手掛けている台北の出版社の編集の方に歓迎の宴を設けていただきました。台湾各地から4名の鉄道愛好者が集まりました。大学の教授、レールウェイライターと自称するファンの方、日本の鉄道に憧れている方もいました。その中で一番若い青年、呉柏青さんが、やおら風呂敷包を広げました。その風呂敷包の中には『世界の鉄道大百科』『鉄道もの知り大百科』など数冊の大百科がありました。「子供の頃、本屋さんで見つけて買いました。当時はまだ軍事政権で、日本からの本や映画などは制限されていましたが、児童書は例外でした。私はこの本がきっかけで鉄道に興味を持ちました」と。編集長が付け加えました。「呉柏青さんは台湾初の鉄道写真家です」と。このサプライズには私も感激して目をうるうるしながら固い握手をしたのでした。

『世界の鉄道大百科』は、海外の鉄道には閉鎖的だった当時の鉄道各誌や鉄道ファンに対して海外の鉄道紹介に先鞭をつけたと自負する感慨深い一冊になりました。

■柳の下のどじょう

大百科シリーズが好評で売れ行き順調ということになると、やはり同じ形式の本が出回るようになりました。大手出版社である小学館からは、本の体裁も全く同じで「コロタン文庫」の鉄道シリーズが登場しました。体裁、本の内容とも勁文社の大百科を「いただいた」ような内容でした。一応参考までに勁文社の編集部でも会議にあがりましたが、酒井編集部長が「この本は、子供の気持ちが何もわかっちゃいない」と言いました。というのは「コロタン文庫」は著者方式でなく、写真や文献を鉄道同好会が分担し、鉄道同好会のベテランと思える方が本文を執筆していました。「マニア向けには充実しているが、素人写真で、これじゃ子供たちは納得しないんじゃないかな。やっぱりウチは南さんの取材が生きているから……」と言われ、改めて勁文社の大百科を手掛けることに意欲が湧いてきました。

■老舗出版社の名編集長

実業之日本社といえば、創業百年以上を誇る講談社と並ぶ歴史ある出版社です。子供のとき父親が刊行物を読んでいたので、中学生のときには旺文社、小学館と共にその名は知っていました。実業之日本社の仕事

『国鉄全線大百科』で函館本線で撮影中。石狩川橋梁付近。（写真・諸河久）

では、鉄道書のほかに同社の看板だったNewブルーガイドブックス21『琵琶湖・若狭・丹後』（平成5年・１９９３年）という旅行ガイドブックなども著者として刊行してきました。鉄道書を手掛けるようになったのは、記憶は定かではありませんが、「鉄道絵本シリーズ」が最初だったと思います。同社の児童図書出版部の遠山泰彦さんとお付き合いが始まった本でした。やはり勁文社の大百科の好調さを意識した本ながら、もう少し低学年向け、いわゆる幼児層にアピールする「鉄道絵本」にしたいと思いました。絵本は幼児が買うものではありませんから、母親に支持されないと絵本は成り立たないと私は思っています。遠山さんもそのお考えで、決して「子供だまし」ではない鉄道を取り上げ「お母さんへ」と別に文を入れ、子供に読み聞かせるような内容にしました。このシリーズは好調で、平成時代に入っても刊行は続きました。

　昭和55年（１９８０年）に刊行した『国鉄全線大百科』は画期的な本でした。とりわけ鉄道ファンでもない遠山さんの大胆なアイデアで「国鉄を全部やろう！」という、取材者、執筆者泣かせの企画でした。このテーマは絶対に一人では無理なので、取材と写真は私が担当し、本文執筆は『レールガイ』編集部の盟友、長谷川章さんが担当することになりました。これまで勁文社の大百科は私が著者としてやっていたものですから、共著というシステムは今思えば遠山さんの勁文社への配慮だったと思っています。私は同じ遠山さんの部署で「鉄道絵本」シリーズとの掛け持ちでしたから、勁文社との仕事もあり、この頃はチョー忙しい時代を送っていました。

『国鉄全線大百科』は、今改めて見てみるとすごい本だと思います。なにしろ国鉄全盛時代の路線をすべて

『国鉄全線大百科』の好評が『JR全路線』を生んだ。

当時の国鉄のすべてを網羅した大百科は長谷川章さんをはじめ大百科を支えてくれた人々によって作られた。

網羅し、詳しい解説文で紹介しているもので、そのためページ数も勁文社の大百科や、コロタン文庫の1・5倍の厚さの本になりました。少し年齢層の高い少年たちに支持されて、このシリーズも実業之日本社の児童書では大きな売り上げになりました。この「国鉄全線」モノは後年に南正時著『なるほど事典・鉄道を旅する　JR全路線』（平成15年・2003年）として出版されました。当時の編集担当は、レールウェイライター種村直樹さんの第一期門下生の岩野裕一さんで、彼のこだわりの一冊にもなりました。彼は同社で鉄道情報誌『汽車旅100選』シリーズを立ち上げ、「汽車旅」という言葉を広く一般化させました。手掛けた鉄道モノ書籍が売れたからかどうか理由は定かではありませんが、岩野さんは現在、実業之日本社の社長を務めています。

『国鉄全線大百科』が好調だったので、遠山さんは「今度は国鉄の全車両の百科をやろう！」と、さらに大胆な企画を提示しました。これは全線よりも大変です。何しろ全電車の形式、機関車全形式、貨車までも全形式を掲載する……という壮大な企画でした。私と長谷川さんのコンビで進められましたが、さすがに取材が追い付かず、私はアシスタントを使って全国に取材開始しました。勁文社の大百科とは異なったマニアックなところでこの本も好調でした。

　また、遠山さんは『私鉄全線大百科』を立案して実行に移しました。後日刊行された勁文社の『全私鉄大百科』では著者が重なるとして、私とは別の著者を立てて刊行しました。勁文社の鉄道大百科シリーズで私が担当していない唯一の本です。さらにコロタン文庫でも全国の鉄道ファンを動員して全私鉄モノを作り「柳の下のどじょう」を狙ったのでありました。

　実業之日本社での大百科シリーズは、勁文社の手前、私が単独著者で刊行することはなかったのですが、国鉄民営化直後に出した『最新鉄道大百科』は私の著書でありながら「遠山裁き」の結果、「南正時・編集長」という肩書で刊行されました。遠山さんはさすが老舗の出版社の編集長だけあり、そのあたりの出版社同士の道義と気配りというものをしっかり考えて南正時を起用したのだと思っています。同社の大百科シリーズはこの『最新鉄道大百科』で一応終わりました。一方の勁文社の大百科シリーズも全般にわたって次第に勢いがなくなってきました。

　これら大百科シリーズのほかに、実業之日本社の児童図書では私の単行本を何冊か刊行しました。最初の本は昭和58年（1983年）の『新幹線ものがたり』という四六判の単行本で、当時親しくさせていただいていた旅行作家の檀上《だんじょう》完爾《かんじ》さんとの共著という形で取材執筆が進行しました。檀上さんはかつて国鉄広報部勤務の鉄道マンで、在職中から鉄道

「南正時編集長」として刊行したJR発足直後の『最新鉄道大百科』。

『新幹線ものがたり』は、今後絶対できないと言い切れるほどの名著と自負する。

冬の標津線のキハ22、曇りガラスの向こうからほほえむ檀上完爾さん。

小説、エッセイを著書として、また『鉄道ジャーナル』などに寄稿されていました。元国鉄マンの執筆に心強く思い、私はひたすら新幹線の走行写真や、檀上さんと共に新幹線の現場にご一緒して取材しました。当時新幹線は鉄道ファンの対象ではなく、新幹線だけの本はまだまだ鉄道趣味界では「タブー」とされていました。はたして売れるのか？　と心配でしたが、内容的に、普段入れない新幹線施設や電車の内部、床下、前照灯など当時の「新幹線のひみつ」を国鉄新幹線総局の全面取材協力で紹介掲載されました。また、この取材では遠山泰彦編集長も開業したばかりの東北新幹線の取材に同行して、日本一長い鉄道橋である一関の第一北上川橋梁を取材したのでした。この取材で遠山さんは鉄道に目覚め、以後、編集長の机の上には鉄道グッズが置かれていました。この『新幹線ものがたり』は今、改めて見ると、すごい本だったと思います。今ではセキュリティが厳しい新幹線施設をすべて取材しているのですから。これは今のように新幹線が話題になるずーっと前、遠山編集長の先賢の明があったからでしょう。

　また、実業之日本社では、昭和55年（１９８０年）に、初の単独著書『鉄道写真の撮り方』を刊行しました。当時人気だったブルートレインや特急電車の撮影方法や場所などを執筆したもので、作例のカラー写真をふんだんに使用しました。撮影ガイドも中高生を対象に、わかりやすく行きやすく、撮りやすい場所をガイドしました。現在「撮り鉄」の人気撮影ポイントとなっている「ヒガハス」こと、東北本線東大宮－蓮田間の撮影ポイントを図解して紹介したのもおそらくこの本が初めてでしょう。

　この本は現在、40歳代から50歳代の「撮り鉄」の方から、あの本はバイブルだったという声を撮影現場で聞くことがあります。「表紙の写真を、キヤノン愛用の南さんがハッセルブラッドで撮っていて驚いた」とか「夜景の『さくら』が印象的だった」という声を今聞くと嬉しさがこみ上げてきます（巻頭カラーに掲載しています）。

今や、すっかり売れっ子鉄道カメラマンの山﨑友也君は、まだ新人カメラマンの時代に鉄道ジャーナル社の忘年会で初めて会った時に私を見るなり「ケイブンシャの大百科もそうだけど、ワシャ、小学生のときに実業之日本社の『鉄道写真の撮り方』が教科書だったんじゃ、あの『さくら』の夜景の写真を見て、絶対プロになるんじゃと思った。以来、ワシャ夜景ばかり撮るようになった……」といきなり広島弁でまくしたてきました。執筆当時はそこまで考えずに、売れてくれればいい、なんて気持ちで本づくりをしてきましたが、これらの声を聞いて、私の本から当時の子供たちにこんなに影響を与えたのだなと改めて思い、さらに精進して執筆、撮影を続けようと改めて思ったのでした。

■蒸気機関車大百科

昭和47年（1972年）、国鉄では鉄道百年を記念して京都に梅小路蒸気機関車館をオープンしてSL保存を始めました。昭和51年（1976年）に国鉄から蒸気機関車が廃止され、その年には、大井川鉄道で日本初のSL動態保存が始まりました。SLブームは消えてしまったか……と思っていたころに、国鉄初の動態保存によるSL運行が山口線で実現することになり、急きょ勁文社で『蒸気機関車大百科』を作ろうということになりました。

大百科のスタートが「SL」（『機関車・電車大百科』）だったこともあり、酒井さんも力が入っていました。山口線に復活したC57 1号機は、私も羽越本線や磐越西線などで現役当時に撮影したこともあり、懐かしい

国鉄初のSL動態保存は山口線で復活した。試運転中のC57 1号機。（山口線山口）

機関車です。復活運転の客車は12系でブルートレインと同系色で、少しばかり違和感がありましたが、これは特別料金を徴収するので仕方ありません。

「SLやまぐち号」の運転初日前夜、酒井さんと、編集部から一人、それと私の「取材チーム」が湯田温泉の温泉旅館に集まりました。その時、酒井さんが「紹介したい人がいるんだが……」と、引き合わせてくれたのが、真島満秀さんでした。彼と私は同世代、彼はその後に鉄道写真界で名を馳せた写真家でしたが、この湯田温泉で会ったときが彼の鉄道写真の事実上のデビューの時期でした。

真島さんは鉄道写真界に入るまでは自動車レース専門のカメラマンとして広告写真の分野で活躍していて、勁文社の大百科でもレース写真、自動車写真の分野で寄稿していました。国鉄末期、L特急のヘッドマークが文字からイラスト絵入りに移行し、ブルートレインにも全列車ヘッドマークが取り付けられ、ブルートレイン、特急ブームが起きました。

真島さんは後年「南さんの本も売れているし、特急もブームだし、ぼくも鉄道でも撮ろうと思った、思えば軽い動機だった……」と酒の席で語ってくれました。私は出版界、彼には後ろに広告界という強いメディアがありました。二人とも趣味道楽のためじゃなく「生活のため、妻子のため……」と仕事として割り切って鉄道写真を撮っていました。それがプロの意識だと思っていました。真島さんの思惑通り、彼とアシスタントの猪井貴志さんのコンビで日本中の特急列車を撮り歩き、それを彼のメディアで発表して鮮烈に鉄道写真界にデビューを果たしました。

勁文社でも、真島・猪井コンビによるムック本「特急列車」を出しました。それは今までにない斬新なカメラアイで捉えた鉄道の世界でした。私が勁文社で長年仕事をしていることに気をつかってくださり、真島さんから乞われてムック本の一部を手伝ったりしましたが、酒井さんは私に気をつかってか、ムックの第二弾は私のお得意の「蒸気機関車・路面電車」を任せてくれました。勁文社内では真島さんとは強烈なライバル関係にありましたが、それぞれの「持家」は尊重しあって仕事を続けてきました。

ある日、彗星のごとく鉄道写真界に登場した真島さんを、かつて私に対してもそうであったように、鉄道趣味界は快く思っていませんでしたし、同業者からもあまりいい眼では見られていませんでした。私と真島さんが飲むと決まってその話になります。二人とも出身は鉄道同好会ではなく、出版メディアでデビューという自負がありましたから、その点では真島さんと気が合って、飲むと「正時ちゃん」「満ちゃん」という間柄でした。真島さんは同じ境遇をたどってきた鉄道写真の先輩として、いつも私を立ててくれました。

平成19年（2007年）10月に私は新幹線の富士山バックの撮影を終え、身延線経由で小海線に入りました。翌日朝、小海線の通称「小淵沢の大カーブ」で真島さんとバッタリ会いました。真島さんは地元の小海線を撮り続けていて、ススキの穂が見ごろなので訪れたと言っていました。久しぶりに会ったので、撮影

真島満秀さんと小海線でバッタリ、しかしこの時が私が見た真島さんの最後の姿だった。

しながらいろいろ積もる話をした後に、いきなり「正時ちゃん、一緒に写真撮ろうや……」ということになり、私のＩＸＹで甲斐駒ケ岳をバックに記念写真を撮りました。撮影後に沿線で「ほうとう」で昼メシを一緒して「じゃ、また近いウチに飲もうや……」と言って別れました。それが真島さんの、私が見た最後の姿でした。

平成21年（２００９年）３月に真島さんの突然の訃報を聞いて驚き、軽井沢の御宅での通夜に参列しました。そのときに小海線で撮った記念写真を遺族の方にお見せしました。「真島は、こんな風に滅多に写真を撮らない人なのに……。何か虫の知らせでもあったんでしょう」。あまりにも早い、ライバルでもあり盟友の死でした。彼は自分の死を今でも決して受け入れてはいないような気がしています。

■国鉄よさらば……JR誕生

実業之日本社の児童図書と勁文社の「二股」をかけての本づくりは、勁文社の酒井編集長、実業之日本社の遠山編集長の理解もあって、勁文社の大百科シリーズも国鉄民営化JR以後も続けて刊行していました。もちろん一所懸命に取材、執筆をして作った本ですが、愛着は乏しいと見えて、私にはおぼろげの記憶しかありません。もう、かつての勢いのある勁文社の大百科はなくなりつつありました。今回この本を書いているうちに、小学生時代を大百科で育ち「鉄」になったという担当の磯部編集長が一覧を見せてくれて、改めて気が付くこともしばしばでした。

数多く刊行された鉄道大百科シリーズですが、やはりダントツに売れたのは「特急」モノでした。このテーマは私の企画意図とは関係なく、営業成績がいいものですから、営業の意向もあり「特急シリーズ」を形を変えて刊行してきました。極端な例だと春と秋の「ダイヤ改正」になると「最新版」と称して『特急大百科』が刊行されました。正直言って、このあたりの記憶は定かではなく、今回編集担当の磯部さんが調べてくれた資料を見て「へぇー、そうだったのか」と改めて思いました。それだけに、初期の『特急・私鉄大百科』『特急・急行大百科』は忘れることができません。それは、この2冊は苦労して取材しての成果、さらに列車の同乗記が充実していたから、と自負しています。現在、当時の鉄道大百科世代から最も支持されているのがこの2冊です。

日本の鉄道はやがて国鉄分割民営化という歴史の節目を迎えます。民営化すると多くの話題の列車が走り始め、大百科シリーズでも『JR特急大百科』『ジョイフルトレイン大百科』などが企画されました。特に『ジョイフルトレイン大百科』は、すべてが新しい列車なので、すべて撮り下ろし写真で取材を決行しました。この列車は外観は奇抜なスタイルでしたが、何よりもその車内設備に特徴がありました。今までの外観撮影だけでなく、実際に乗って、内部まで取材することが必須でした。これらの列車は不定期列車で、走る日、時間も事前には全く情報を得られませんでした。まだインターネットもない時代、運転日の情報の収集には苦労しましたが、結果的には全国を網羅して本が完成しました。

国鉄分割民営化により、JR各社ではお金をかけた話題の列車が続々登場しました。「北斗星」「100系二階建て新幹線」「ハイパーサルーン」「振子式気動車特急」、さらに贅をつくした「ジョイフルトレイン」などが次々に誕生しました。これらの車両は国鉄末期に予算の配分が決められていました。その理由はともかく、新幹線に画期的な二階建て新幹線、豪華食堂車、個室付きの100系が登場したのです。当時、私は各国の豪華列車に乗り、撮ってきましたが、改めて100系電車は「世界一」の車内設備を誇る列車だということを知りましたし、この二階建て新幹線を契機に「新幹線」が広く鉄道ファンにアピールするようになったのです。

ブルートレインも「あさかぜ」などにカルテット、デュエット、B個室ソロ、オリエント急行風食堂車が登場して、「北斗星」が上野—札幌間に青函トンネルを経由して本州と北海道の直通運転を開始しました。「北斗星」の誕生は国民的な話題で、切符の入手が困難でA寝台以上のクラスは「プラチナチケット」といわれました。当然、勁文社でも大百科で取り上げることになりました。当時、大百科シリーズ全体の売上は下降線をたどっていましたが、営業、編集部の「夢よもう一度」という思惑もあったことでしょう。『JR特急大百科』はこのような過程から誕生しました。ただ、できあがった本を見て、かつてのワクワクした気分は薄らいでいました。なんとなく鉄道がチャラチャラした浮かれている時代になったように思えたからでした。

国鉄民営化の数年前から私は当時の弘済出版社（現・交通新聞社）のコンパス時刻表や小型総合時刻表などの表紙写真を担当していました。いよいよ民営化になるとJTBの時刻表に対して、大型時刻表を刊行することになりました。これはＪＲ各社公認公式の『ＪＲ時刻表』として発売されました。その創刊号から私は表紙写真、中のグラビア写真などを担当していました。

「北斗星」誕生の時の話です。数日後の運行を前に、外観、内部設備がすべてできあがった「北斗星」の客車が尾久客車区に現れました。この段階ではまだ報道公開も鉄道雑誌への公開もされていませんでした。この「北斗星」をＪＲ時刻表でグラビア特集するというので、仕上がったばかりの内部を撮影しました。時刻表編集部とＪＲ営業の力の入れ込みようはなみなみならぬものがあり、車内にモデルを入れての撮影でした。シャワー室ではヌードモデルが実際にシャワーを浴びている写真までも撮りました。さらにＪＲ時刻表用に「北斗星」が青函トンネルの中を走行するシーンを撮ろうという大胆な計画が上がりました。弘済出版社の編集者とＪＲ担当者の間で打ち合わせが続きましたが、カメラマンの立場から無理を承知の上で「当日、北斗星を１分間、海底駅で停車してもらえないか？」と提案すれば、「無理です……」とＪＲ北海道の担当者。「では、せめて徐行運転を……」。私の撮影方法はストロボをスローシンクロすることで、列車はほぼ止まり、トンネル内も十分明かりが回る、という思惑がありました。ところが「それも無理です」。

もう、時速１００㎞で海底トンネルを走る「北斗星」を強力ストロボ一発で決めざるを得ない状況になりました。走行中の「北斗星」に正面からストロボを発光する……という許可は出ました。こうして撮影当日、時刻表編集部、ＪＲ北海道担当者と共に深夜の青函トンネルの吉岡海底駅に降りて撮影に備えました。

深夜に通過する２本の「北斗星」を、ただストロボ発光というテクニックもなにもないシンプルな撮影方法で撮り終えました。

できあがった写真は、一応トンネル内を走行している「北斗星」の正面、ヘッドマークもバッチリでしたが、後日編集会議で「走行中の列車に許可を得ているとはいえ、どうしたものか？」という議論が起こり、弘済出版社が「鉄道写真」の書籍を出していることも考慮して、この青函トンネル内の「北斗星」は採用されま

唯一、青函トンネル内を疾走する「北斗星」の写真。以後トンネル内の北斗星は撮影されずじまいだった。（海峡線吉岡海底）

関係者が見守る中で撮影中。本当は一時停止してほしかったのだが。（海峡線吉岡海底）

せんでした。今、私の手元には6×6判で撮った「青函トンネル内走行の北斗星」のフィルムが現存しています。以後、北斗星の青函トンネル内の走行写真は二度と撮られることがなく、私の撮影した写真は「まぼろし」の極めて貴重な記録写真となりました。この写真はその後「ＪＲ北海道立ち合いのもと承認撮影」ということで発表が許可され、鉄道大百科やさまざまなメディアで発表されるようになりました。

■分厚くてカッコいい本の落日

その頃、あの分厚くてカッコいい「大百科」スタイルは、すでに世代の代わった鉄道少年からは、かえって野暮ったい本として捉えられていました。そこで勁文社では、レコードに代わる当時の新しいメディアであるＣＤのジャケットを真似た正方形のサイズの本を刊行し、それを何冊か手掛けました。ＪＲの「北斗星」や「ＪＲ特急」などをこのＣＤサイズで刊行しました。さらにＪＲ民営化直後の昭和63年（１９８８年）にはＪＲ東日本とフジテレビが招聘した「オリエント急行inジャパン」のビッグイベントがあり、日本中が豪華列車に沸きました。私はこのプロジェクトのフジテレビの監修者として仕事をしていましたから、取材した関連の資料を各メディアに発表してきました。勁文社ではオリエント急行関連書籍２冊を手掛けました。日本がバブルに沸き返っていた時代でした。

「奇跡のコラボ」といわれる富士山とオリエント急行。（昭和 63 年 12 月／東海道本線沼津－三島）

そしてバブルが崩壊しました。勁文社は二代目社長がバブル期に手を出した不動産で失敗、さらに放漫経営も重なり、酒井さんは他社に移りました。後日酒井夫人から聞いたところでは、酒井さんは勁文社での実績を買われて「バンダイ」に移籍して大百科時代のノウハウを実行に移していた矢先、さまざまな心労が重なり、平成14年（２００２年）９月、享年61歳の若さで他界されました。この酒井さんを送る日に私は「ヨーロッパ鉄道ツアー」を主催し、それに同行していたため、酒井さんとは勁文社以後とうとう会えずじまいでした。

勁文社が倒産する寸前に、親しい編集者から鉄道大百科の人気シリーズ三冊をセットで復刻したいというので同意しました。しかし、本が出たと同時に勁文社は倒産。この復刻本の原稿料は負債として残ったままです。古き良き時代を生きた大百科のケイブンシャは、栄光の時代を無にするように「立つ鳥後を濁したまま」消滅したのです。

特急・急行列車が輸送の要だった時代。
中央は、東京駅の発車案内。

鉄道の旅
大好き人間

宮脇俊三（作家）×南正時（写真家）

第5章

『世界の豪華列車を大いに語る』

昭和63年8月10日　小諸市・島崎藤村ゆかりの中棚鉱泉旅館にて

再録

『鉄道写真家ミナミさんの豪華列車乗りある記』（昭和63年10月・ケイブンシャ刊）より。著作権系継承者の許可を得て再録。本章の表記は最小限の修正のほかは初出時のままとしています。

宮脇俊三氏（作家）

1926年12月9日、埼玉県生。東大西洋史学科卒。ペンクラブ、エッセイストクラブ会員。『時刻表2万キロ』『殺意の風景』ほか多数。

南　先生、きょうはお酒を飲みつつ汽車の話をするヒジョーにうれしい機会に恵まれました（笑）**。よろしくお願いいたします。**

宮脇　私も同感です（笑）。ところで南さん、今まで乗った列車で設備が豪華なのは、やはり『北斗星』ですか？

南　設備の面だけでいえば『ロイヤル』だと思いますね。

宮脇　ひとりあたりの面積からいっても、そうでしょう。

南　そうですね。

宮脇　それから、まだ乗ったことはないんですが、南アフリカ共和国の『ブルー・トレイン』がありますね、この列車を除けば『北斗星』のロイヤルがやはり一番でしょう。

南　先生は『北斗星』に乗られて、どのような印象をお持ちになりました？

宮脇　かつて、日本だって豪華個室を作れば乗る人はいるハズだって唱えていたんですけど、国鉄の人はアタマから相手にしてくれなくて、ずいぶん遅ればせながらできたなって感じですね。でも乗ってみると「日本も、とうとうここまできたか……」って感激したものです。

南　『夢と理想』の列車が現実化した。

宮脇　私は、一応三十四カ国ぐらいの鉄道に乗っているんですけど、その中では一番設備はいいですね。床面積は広いですし。

南アフリカ共和国の「ザ・ブルー・トレイン」

南　それから先生、『北斗星』の食事はいかがでしたか？

宮脇　食事そのものからいえば、いままでの日本の鉄道の食事よりはずっといいですよ。

味自体はホントによかったですね、ただ『フランス料理・グランシャリオ』と称しているわりには、何か雰囲気がないなぁと思ってましたら、日本食堂のオネェさんが、サービスしているんですよ（笑）。フランス料理のレストランというのは、かなり年配のオジさんがサービスしてくれるのがいいんですけどね。

南　先生、ワインのことなんですが……。

宮脇　外国の食堂車の場合は、一応ワインリストを持ってくるでしょう？

南　必ず持ってきます。

宮脇　ソムリエなる人が、いたりいなかったりしますけど、とにかくワインリストは持ってきますね。

南　『北斗星』の場合、グラスワインはコースによっては付いてきますが、「この料理にはこのワインがお勧めです」とこない。ハード、いわゆる設備がよくても、ソフト面での対応はまだまだこれからですね。

宮脇　私の食べた五千円の魚のコースにはワインは付いていませんでしたよ。

南　**ワインで思いだしましたが、オーストラリアワインの美味しい大陸横断列車『インディアン・パシフィック』には全行程、お乗りになったんですか？**

宮脇　ええ、乗りました。

南　**三泊四日の旅はいかがでしたか？**

宮脇　満足しましたねぇ、狭いですけど、一等の個室で過ごしました。皆さんとなかよくなったりしましてねぇ。

南　**最初の一日で、もう乗客と和気あいあいになっちゃうんですね。**

宮脇　ひとつには車中三泊というのが『船旅』と同じなんですね。

南　**外の景色もどちらかと言えば単調ですし、もう、お喋りしかない（笑）。**

宮脇　そうです。何もないといっていいでしょうね。ただ、シドニーを出て二日目の朝、早起きすると、カンガルーが見られますね。それから三日目の朝もすごいですね。ナラバー平原なんですけど、ラウンジカーから右を見ても左を見ても両方とも地平線なんです。

南　**私はナラバー平原の地平線を、運転台から見ました。**

宮脇　エッ？　そうなんですか？

南　**運転席の取材の時なんですけど、二本のレールがずうっと地平線に伸びているんです。その後、ナラバー平原の真中で撮影のため列車を止めてくれたんです。**

宮脇　すごいサービスですね。

オーストラリアの「インディアン・パシフィック」

南　最後部の車掌が「どうしたんだ?」って無線で聞いたんですけど、「カンガルーが横切った」なんて運転士はゴマかしていましたけど（笑）。三分間だけナラバー平原に降りて、夢中でシャッターを切りました。

宮脇　ナラバー平原と列車の組み合わせは空撮しかダメでしょう?

南　ナラバー平原と『インディアン・パシフィック』を地上から写したのは私が初めてだそうです。

宮脇　車内の設備ですけど、たしかひと部屋だけですよね『デラックス・ツイン』は。

南　ええ、あれは広いし豪華ですね。ロイヤルの倍以上はありますね。

宮脇　そうですね。ツインですし、倍くらいはありますね。それと、通路がジグザグになっていますね。あの設計は実にうまくできていると思いませんか?　南さん。

南　あれには感心しました。機能的にバツグンですね。断面図をもらったんですけど、見れば見るほど、実にいいスペースなんです。

宮脇　ウン、あれは素晴らしいスペースです。実は個室のオープントイレに座っていて、朝などはクッキーなんかを持ってきますよね。そうすると、中が見えない方向へドアが開くんです。ちょうど私がしゃがんでいるとき（笑）にコーヒーとクッキーが差し出されるんです（笑）。それを便器に座ったまま受取るんです。それが自然にいくようになってるんですねェ。これは実によくできていますね（笑）。

南　あまり焦ることもなく……（笑）。

宮脇　ベッドの扱いとか、部屋の設計というのは『インディアン・パシフィック』はうまいですねぇ。

南　ええ、私が感心するのは、日本の寝台車の場合だと、いかにも座席と寝台の兼用というイメージがあるのですけど、ヨーロッパやオーストラリアなどは、兼用でも寝台にした場合は、完全なベッドになるんですよ。

宮脇　ウーン、『あさかぜ』タイプの個室は何故か、ソファに寝かされたっていう感じでしょ。狭いですしねェ。

南　私はB寝台の方がいいですね。

宮脇　車内の居住性からいえば、ヨーロッパで昭和三十六年頃、チューリッヒからミラノまで乗った『ゴッタルド』という列車の編成を見て、びっくりしました。一両あたりの客席数が少ないのは、もちろんなんですけど客車が四両で食堂車がついていて、定員は全部で約二百人ぐらいしか乗れないのです。あれは一種の豪華っていうか贅沢な列車なんてしょうね。

南　そうですね。『ゴッドタルド』というのはTEE（ヨーロッパ国際特急）のいちばん初期の列車で、まだ現役で走ってるんですよ。TEEの初期のゆとりのある列車ですね。

宮脇　まだ頑張っているんですか。ひとりあたりの前後左右の広さというのは、驚きましたね。南さんの巨体でもゆったりできるんじゃないですか？（笑）

南　ハイッ。ヨーロッパの一等車に乗るとホッとします（笑）。特にオープン座席の片側の一席は、ゆったりしていいですね。

宮脇　『ラインゴルト』に乗った時、ちょっと驚いたのは、一等のコンパートメントだったんですけど、オバちゃんが降りる時に、上の棚に乗せてあった荷物を、私に降ろせというんですよ（笑）。男が降ろすのは当然だと思っているんでしょうけど…（笑）。

南　『ラインゴルト』というのは、車内の豪華さもさることながら風景もいいですね。

宮脇　そうですね。風景はいいですね。ライン川に沿って走るし……。

南　先生は、どちらの方面行きの列車に乗られたのですか？

宮脇　ケルンからマインツ方面へです。

南　ちょうど、お昼ごろライン川を通過する列車ですね。

宮脇　そうです。ちょうどいい時間です。ライン川は汚い川ですけど、まわりの古城はいいですね。

南　私は列車から見るライン川が一番好きです。その後、『ラインゴルト』はグレードアップしたんですが、

すぐにＴＥＥの衰退で廃止されてしまいました。

先生は同じく廃止された『ミストラル』にパリからニースまで乗られたんですか？

宮脇　ええ、新幹線ができる三年前に乗ったんですが、パリのリヨン駅を発車して、郊外に出て時速百六十キロぐらいでスーッと景色が流れだした時は感動しました。『こりゃ、ホントに速い！』と思ってね。

南　**『ミストラル』の食堂車の豪華な料理も有名でしたね？**

宮脇　あの頃はまだ、持ち出し外貨が制限されていて、あまりお金を持ってなかったんですけど、奮発して、シャンパンを注文したんですよ。『ポン』なんて音がしたら、みんな一斉にこちらを向いて、「変な東洋人が、シャンパンなんか飲んでるワイ」なんて顔をしてましたねぇ（笑）。

南　**先生が乗られた時は『ミストラル』全盛の頃だったんですか？**

宮脇　そうです、いちばんいい時だったですね。世界一速くて、おまけに豪華でしたね。

南　**『陸の豪華船』なんていわれてましたね。その頃は美容室はついていました？**

宮脇　ええ、ありました。それにシャワールームもありましたよ。まるで汽車と思えないような設備が揃ってましたね。

南　**バーラウンジも素晴らしかったですね。**

宮脇　そうです、バーラウンジなんかは、日本では考えられない設備でしたね。

南　**ところで、二階建て新幹線の一番列車で、九州まで取材で先生とご一緒させていただきましたよね。私は新幹線は世界一の鉄道と思っていたのですけど、１００系新幹線ができたことによって、これだけの設備を持つ列車は世界にないと感激しつつ乗りました。**

宮脇　私も１００系はわりと好きですね。たとえば原稿を書かなければならない、なんていう時は個室を奮発して……、結局、書かないで寝たりして…（笑）。

南　私はよく『新幹線』と『TGV』とを比較するんですが、『TGV』は速いだけで、そんなに印象に残る列車ではないですね。

宮脇　あれは、前後に何故、電気機関車がついているんですか？

南　わが『新幹線』に勝とうとするアセリのためのパワーアップなのです（笑）。

宮脇　速度をだすために重心を下げて、さらに小さくして軽量化を計ってるわけですけど、技術的には全然関心しなかったですね。まあ、速いだけですね。でもうらやましいのは、フランスの新幹線が標準軌で、在来線と同じ軌道だから、どこへでも行けるわけですよね。

南　我が国の場合、新幹線は在来線に入れないってことは、新幹線の開発が遅れることにもなるわけですね。

宮脇　今度、整備新幹線の案は、芸が細かいというか、チマチマしたことを考えているんですよね。まぁ、いろいろな意味で『TGV』は豪華列車の中には入れにくいですね。

南　速度だけは豪華ですけど……（笑）。**食文化の国にしては『TGV』のビュッフェは悪いですね。**

宮脇　そうですね。

南　コーヒーなどは、インスタントコーヒーなんですよ。それも目の前で、袋を破ってお湯を注ぐんです。

宮脇　『TGV』っていうのは、日本の新幹線に刺激されて作ったんでしょうけど、日本の悪いところまで、全部真似しちゃったような感じが見受けられますね。座席の狭さといい、何故か日本的ですね（笑）。あれを見ても、日本が一九六〇年代以降のリーダーシップをとってるって感じがしますね。

南　話は変わりますが、先生、『シベリア鉄道』はいかがですか？　たしか七日間……。私はまだ乗っていないのですが…。

宮脇　今は、六日間になりましたけどね。

南　あの列車は『インディアン・パシフィック』以上に、お客同士の連帯感があるんじゃないですか？

宮脇　あるみたいですね。私は編集者とふたり部屋に乗っていましたが、それでもみんな遊びに来たりしていましたね。寝台は二段式ですけど、通路側にも窓に沿ってベッドがついてるんです。食堂車が二両つないであって、二十両ぐらいのすごい編成なんですよ。食堂車の間に仕切りがあって、そこから先には入れてくれないんですよ。

南　ちょっとばかり中国的ですね。

宮脇　『シベリア鉄道』っていうと、キャビアが食べ放題だなんていわれていますけど、メニューには書いてあるだけで、そんなものありはしないんです。とにかく、すごいメニューの項目なんですけど、一応あるものだけ丸印がポツリポツリついているんです。でも、それを注文するとないんです（笑）。

南　それは悲惨ですね（笑）。

宮脇　だからほとんど毎日、ボルシチばかり食べてましたね。でも、あのライ麦パンのすっぱさも慣れてくると美味しいですね。あれは大きな駅での停車中に、オバちゃんの露店から買った方が安いし、美味しいですね。

南　車内より外の食べ物の方が美味しいなんて、世界共通ですね（笑）。

宮脇　『シベリア鉄道』は二十四時間、ストーブを炊いているんです。電化されているんですが、もし停電したら、みんな凍死しちゃうからなんでしょうね。

南　『シベリア鉄道』らしいですね。

宮脇　だから、簡単に鉄道が「遅れているなぁ」なんてことはいえないですね。それはちょっと反省したんですけど。

南　**ソ連と中国の鉄道はよく似ていて、いわば人海戦術の豪華さっていうのがありますね。**
宮脇　鉄道員の誇りの高さっていうのがありますね。
南　**先生は、中国では、どんな列車に乗られましたか？**
宮脇　上海からウルムチまでの長距離列車に乗りました。あの時、私の乗っていた前を走っていた列車が、天水の先で事故を起こしまして、三泊の予定が四泊になってしまいました。でも、景色は『シルクロード特急』ですから、豪華ですよ。
南　**『シルクロード特急』っていうのは、車内の豪華さからいえば、ちょっと欠けていますね。**
宮脇　中国の列車はだいたいそうですね。
南　**車窓の風景も二日目あたりから、よくなりますね。**
宮脇　そうですね、後半になってくるといいですねぇ。
南　**万年雪をいただいた山が見え、あきらかに川が流れた跡があるんですけど……。塩だけしか残っていないんです。**
宮脇　「白い川」っていうか「海に出ない川」っていうのがあるんですよ。
南　**さて、先生、車内の豪華さと、サービスの豪華さからいくと、やはり『オリエント急行』でしょうか？**
宮脇　南さんはどれに乗ったのですか？
南　**私は『ベニス・シンプロン・オリエント急行（VSOE）』の方です。先生もたしかお乗りになりましたね。**
宮脇　ええ、つい最近ですね。私の乗ったのは。パリのリヨン駅からチューリッヒ行きだったんですけど、ちょっと近すぎる距離なので、国境で夜明けまで停ってました。
南　**景色のいい所を走ったんですね。**
宮脇　部屋そのものはたいしたことがないんですよね。

南　ただ、装飾などの作りはさすがしっかりしていますね。

宮脇　ラウンジカーっていうのがありますけど、ピアノが置いてあって、オジさんがピアノを弾いているワケですねぇ。お客がそこにいる限りは氷久に弾き続けるっていう気の毒な（笑）システムがありますけどね。私が聞いたところによると、何故か夜明けまで弾いていたらしいんですよ（笑）。

南　ピアニストにしてみれば悲惨な豪華列車ですね（笑）。ところで『オリエント急行』が日本を走りますね。

宮脇　一応、乗ってみたがる人はかなりいるでしょうね。今は日本人もお金を持っている人が多いから……。そういう意味では、ちゃんと採算はとれるでしょうね。

南　でも、できるなら、現地の列車に乗って本物の『オリエント急行』の車窓風景を体験してほしいですね。風景も豪華さのうちに入るわけですから……。

宮脇　乗り物の、特に面白さは外の景色が次々と変わるところだと思うんです。その外の景色をよく鑑賞できるような構造になっているのが、いちばん豪華だと思いますね。

南　だから新幹線に『ビデオカー』ができたって聞いた時は、ナンセンスだなァって思いましたね。

宮脇　それだったら、二階建てのドームカーみたいな車両を作った方がいいですね。鉄道はやはり線路が見えるのがいちばんです。先頭車がどうなっているかなァとか。だからドームカーと先頭が見えるっていうのが私にとっては最高の豪華列車だといえますね。

南　外の景色を見る豪華さっていうのは素晴らしいですネ。

宮脇　そうです。そういう豪華さの方がいいです。これは自慢なんですが、私の乗った『アンデス』などは、その典型です。

南　その『アンデス』というのは標高何メートルぐらいのところを走るんですか？

宮脇　四七八〇メートルくらいのところで、富士山より約千メートル高いんです。

南　じゃあ、かなり息苦しいんじゃないですか？

宮脇　酸素ボンベを積んでましてネ、それから変な袋に酸素を詰めたものを持った、ドクターと称するオジさんが車内を回ってくるんです。気分が悪い人がいたら、そのバグパイプみたいな袋を顔の前にもってきて、シュッシュッと吹きかけるんです。ドクターというのも、怪しいものですが。

南　先生は大丈夫だったんですか？

宮脇　ええ、私はいっこうに平気だったんですけど。でも、それを写真に撮るために、やってもらったら、まわりの人から変な目で見られました（笑）。

南　そういう、楽しい経験も含めて、やはり鉄道の旅には車窓の景色が重要になってくるのですね。

宮脇　そういう意味からいえば、ヒジョーに逆説的ですけど『大井川鉄道井川線』というのは、最高に豪華かもしれませんね。

南　スピードといい、景色の素晴らしさといい、最高ですね。

宮脇　大井川はまだ生活の臭いがしますね。だから『大井川鉄道』がいちばんいいっていうのが、私の結論でしょうか（笑）。

南　意外な豪華列車ですね（笑）。

宮脇　あえて、いうならば、『定期列車で、車窓の風景がよく、車内がいい』これが豪華列車の第一条件ですね。

南　まったく同感です！

宮脇　これからも、精一杯、いろいろな鉄道に乗りましょうよ。

南　ハイ。鉄道や汽車の話をしていると、すぐ時間がたってしまいます。このへんで終着駅に着きたいと思います。長い御乗車ありがとうございました。

（小諸市　島崎藤村ゆかりの中棚旅館にて）

第6章

「大百科」の時代をともに過ごした私たちから、南さんへ

「大百科」といえばこのイラスト！

えがしら剛《ごう》

イラストレーター。幼少の頃から鉄道好きといった生粋の鉄道マニアではなく、仕事の都合で鉄道の趣味の世界に入った。その仕事の一つが大百科。

いえいっ
「大百科」ではこんな列車のイラストを描いてた。見おぼえのある人もいるんじゃないかな。
とっきゅう
久しぶり（何十年ぶり？）に描いてみたけど、もはやいい年こいたおっさんの描くもんじゃないなあ…（しみじみ）。

イラスト担当者は見た、苦労した！今だから話せる「大百科」制作のこと

南さんが手がけていた『大百科』に、イラストレーターとして私を加えてもらったのは、実業之日本社とケイブンシャの大百科でした。実業之日本社の大百科は、私がやった大百科の仕事でも初期の頃で、国鉄の全路線をテーマにした大百科がとても大変だった思い出があります。JRの時刻表にあるような鉄道の路線図を、駅名まで手で書いて作ったのですが、現在のJRよりも路線が多かったのですから、うんざりしたものです。路線図を作った当人は駅名などをまちがえてはいないつもりでも、やっぱりミスはあって、その手直しに実業之日本社まで呼び出され

て修正作業をしました。それも長時間になったので、ホントに最後の最後まで手こずった大百科でした。

実業之日本社の大百科は、案外に内容は硬派でしたけど、ケイブンシャの大百科は「明るく楽しく」がモットーになっていたと思います。南さんが、それを狙っていたんじゃないかな。

私にとってケイブンシャの大百科といったら、南さんと私と編集者で実際に列車に乗って、その体験をマンガにした「同乗記」ですね。南さんがキャラクターとなって登場するマンガですが、自分のキャラクターの姿形が南さんにはちょっと不満だったみたいです（イラスト参照）。

私はその取材旅行に同行しているとはいえ、写真を撮るわけでなし、

若い頃のワタシは人からよく「ひと言多い」といわれたけど南さんにもそういうトコがあって取材旅行中に南さんのひと言にカチンときた編集者を陰でなだめるのが私の役目であった。取材旅行中のそれがワタシの仕事だったかも……。

メモをとるわけでもなく、のほほんと列車に乗っていただけといってよかった。取材後に同行したときの記憶を元に作ったのが同乗記で、なんともいいかげんなのに不思議とできあがってました。

振り返ってみれば、同乗記の取材旅行は気楽で、まるで夢のような仕事でした（思わず、遠い目）。そんな調子でしたからね、ケイブンシャの大百科の同乗記は名作になんてなるはずもなかったけれど、楽しい迷作にはなっていたかなとは思います。

ある日の勁文社大百科編集部。右、ナベ記者こと渡辺編集部員と、鈴木好和編集次長。

「大百科」世代を育てた立役者

鈴木好和《すずきよしかず》

昭和25年生まれ。旧姓竹内。ケイブンシャの大百科を立ち上げ、酒井征勇編集長のもとで編集次長として現場に携わった。イラストのえがしら剛氏は、当時テレビの人気者になぞらえて「タケチャンマン」と呼び、誌面でイラスト化している。現在は伊豆在住。

実は過酷で自腹!? 同乗記の取材

私と南さんとの出会いは、勁文社（大百科は「ケイブンシャ」と表記）が大百科を出版しはじめたころで、『機関車・電車大百科』の編集段階だったと思います。まだ、会社が西新宿にあったころ、当時発売されたばかりの「ウォークマン」のヘッドセットを耳に架けて来社なさったことを思いだしました。何度か来社されるたびに、「いま、子どもたちに電車が人気あるようですよ」と言われたので、企画会議にかけたところ、すんなり通りました。タイトルは『特急・急行大百科』です。この本の中で、大変な校正ミスをおかしたことを発刊後に見つけてしまったのです。いまでは、笑い話になるでしょうが、「みちのく」という列車名が「みのちく」となっていたことを、誰も気づかなかったのです。

後に、同乗記の掲載を企画したのですが、過酷だったのは、「北斗星」と「富士」を乗り継いで、北から南へ日本を縦断するという企画でした。当時、取材費という名目で仮払いができなく、何度か会社と交渉し、ある程度仮払いができたのですが、チケットは南さんが手配してくれたようです。ただ、私の子どもをモデルにしたときは、自腹だったことを覚えています。そのころ、今は亡き酒井編集長を多少なりとも恨んだこと、申し訳なかったなぁと懐古しています。

「こどもポケット百科」企画・担当

遠山泰彦《とおやまやすひこ》

昭和41～平成13年実業之日本社に在籍。漫画サンデー編集部を経て出版部に移り、主に子供向けの雑誌・書籍を担当、こどもポケット百科、かんさつとしいく図鑑、てつどうえほん、学年別まんが性教育、月刊誌『マイバースデイ』などを手がけた。

児童書だけれど大人が読んでもおもしろい。画期的な本だった「大百科」

南正時さんは第一線の鉄道ジャーナリストとして文字通り東奔西走、日本全国ばかりか、世界の鉄道も隅々まで取材していたので、いつでも最新の鉄道ニュースを写真つきで提供してもらえた。そのエネルギッシュな取材力にはいつも敬服するばかりだった。

こどもポケット百科が誕生したとき、私がまっ先に手がけたのは、写真の南正時さん、文章の長谷川章さんと組んで編集した『ブルートレイン決定版』だ。これが南さんと一緒に本を出した最初ではなかっただろうか。ブルトレが大人気のさなかに出したこの本は大好評だった。

南さんはケイブンシャで「大百科」シリーズの最強商品である鉄道の「大百科」を出しておられたので、鉄道もののポケット百科を引き続きつくることになったとき、わが社はもうちょっとマニアック路線でいこうと考え、南さんに相談して『ブルートレイン決定版』の南・長谷川コンビで出したのが『国鉄全線大百科』『私鉄全線大百科』『国鉄全車両決定版』だ。この3冊は南さんのほかに大勢の鉄道写真家の協力を得て全路線、全車両を詳細データつき、写真入りで載せること

ができたので、大人が読んでもおもしろい画期的な本になった。

南さんと組んだ仕事で一番印象に残っているのは、ポケット百科の発展形として幼児～小学校低学年向けにつくった鉄道写真図鑑だ。24～32ページの厚紙図鑑で「てつどうえほん」シリーズと名づけ、最初に出したのが『走れ！　ブルートレイン』と『はやいぞ！　新幹線』の2冊だった。全部南さんの写真で構成した。ブルトレや新幹線のカッコイイ走行写真が誌面に躍動しているすばらしい出来ばえで、これは売れるゾという直感どおり爆発的に売れ、以後も『電車大ずかん』『鉄道おもしろずかん』と矢継ぎ早に出したので、題名が似ていて仕分けしにくいと商品管理部門から苦情がきたほどだった。南さんは珍しい写真やとっておきの写真を惜しげもなく提供してくれた。幼児への教育的要素も入れたいと考え、「信号機とパンタグラフの写真が欲しい」とプロカメラマンにはずいぶん失礼なお願いをしても、南さんは快く承知してくれて赤、黄、青の信号とパンタグラフが上がったときと下がったときの写真を撮ってきてくれた。南さん、あのときの無礼な注文、おゆるしください。

南正時さんと組んでつくったこれら子供向け鉄道本の楽しさ、鉄道のおもしろさは、まちがいなく当時の子供たちの心に届いていたと思う。

「大百科」の名アシスタント

青森恒憲《あおもりつねのり》

昭和34年、東京都新宿区生まれ。小学校時代は大阪で過ごし、吹田のD51によって開眼して鉄道の撮影を始める。昭和50年代には全国のナロー軌道を取材、惜しげもなく雑誌に晒してトロッコ趣味界に衝撃を与えた。著書に『BEST トロッコ』『一度は行ってみたいヨーロッパSLの旅』など。

508㎜ゲージのバッテリーロコと。高取鉱山にて。(昭和56年)

南さんと一緒に作った『大百科』と、自身との思い出

昭和50年代半ば、多くの少年鉄道ファンに影響を与えていたのが南正時さんで、彼らのバイブルが大百科シリーズであった。当時の僕はハタチ前後、学生時代から南さんのアシスタントをやらせていただいていたこともあり、大百科シリーズには少なからず関わることができた。メインの写真や執筆はもちろん南さんなのだが、ど

『鉄道写真大百科』で、えがしら剛さんに描かれている後ろ姿(左の「こーけん」)

青森氏は立山砂防軌道を精力的に取材。（昭和55年）

うしても手が回らない部分を補う役目である。足りないものがあれば、突発的な取材にも出た。

一番の思い出は『国鉄全線大百科』だ。現在とは異なり、当時の国鉄路線は多かった。南さんも僕も一度も行ったことのない所だってある。そこで、訪問したことのない路線を分担して回った。僕は東北地方を任されたが、日に数往復、少ないと三往復くらいの路線さえあったので苦労を極めた。締め切りの関係から、日数にも制限があったと思う。そんな条件下で、無理やり時間を割いて私鉄や専用線に寄り道をしたのは内緒の話だ（笑）。

いかに効率よく進めてゆくか、あれこれと工夫をし、様々な列車に乗って取材をした。振り返れば鉄道の旅が充実していた時代だったなぁ、としみじみと思う。

『国鉄全線大百科』の取材で寄り道した岩手開発鉄道。（昭和54年）

南作品との出会いが…

山《やま》﨑《さき》友《ゆう》也《や》

昭和 45 年広島県広島市生まれ。独自の視点から鉄道写真を多彩に表現し、出版や広告など幅広い分野で活動中。

南正時＋「さくら」＝山﨑友也

ボクは昭和45年生まれ。物心ついたときから鉄道は大好きだった。小学生になる頃には、世の中は空前の鉄道ブーム。紙媒体だけでなく、ラジオやテレビでも鉄道を扱った番組も多かった。そんななか、トドメを刺した出来事が昭和53年の秋に起こった。いわゆるゴオ・サン・トオと呼ばれる大型のダイヤ改正だ。従来は車両先頭部の表示板にはその特急の愛称が文字で書かれていたのだが、これ以降はその愛称名にまつわるイラストが掲げられるようになったのだ。トレインマークが導入されたことによって、よりいっそうファンも増えブームも盛り上がっていったのを懐かしく思う。もちろん山﨑少年もその一人。週末にはカメラをぶら下げて一晩中広島駅で、やってくるブルートレインを撮りまくっていた。

そんなボクが最初に買った南さんの本は、ケイブンシャ発行の『世界の鉄道大百科』。当時は手のひらサイズながら300ページ前後の分厚いこの手のタイプの本が、ボクら小学生たちの心を鷲掴みしていた。このほかにも『機関車・電車大百科』や『特急・急行大百科』はもちろん

のこと、ライバル誌でもある小学館のコロタン文庫の鉄道本も、多数所持していたことはいうまでもない。

ところがこの頃から鉄道カメラマンを目指していたボクは、情報や知識よりも写真の腕を磨ける本へと購買欲が変化してくる。朝日ソノラマから出ていた廣田尚敬さんの本も買った。諸河久さんの金園社の本も買った。でもボクが鉄道写真のバイブルとしたのは、実業之日本社から出ていた『鉄道写真の撮り方』だ。著者はもちろん南さん。そしてこの本の中にはその後のボクの鉄道写真観に大きな影響をあたえることとなった写真が掲載されている。「深夜のさくら」と名付けられたその一枚は、バルブとストロボを使用して撮られており、ボクが今までに見た写真でもっとも衝撃を受け、そしてもっとも好きになった写真である。以来ボクは駅撮りを止め、線路端でブルトレを夜な夜なバルブ&ストロボ撮影する日々を送ることとなるのであった。

もともとブルトレ、しかも「さくら」好きだったボクは、この一枚がきっかけでプロの鉄道写真家をよりいっそう志すようになり、夜のイメージ写真をこよなく愛するようにもなった。年月を経たため大百科やコロタン文庫は現在手元に残っていないが、実日のこの本だけは今でも大事に持っている。なぜならあの写真がボクの鉄道写真家人生の原点なのだから。

編集者として長い信頼関係

杉本聖一《すぎもとせいいち》

編集者。『週刊鉄道データファイル』（デアゴスティーニ・ジャパン）を企画し、創刊から300号の完結まで編集長を務めた。

「大百科」で知った世界と「大百科」から学んだ本作り

ボクが小学生だった昭和50年代前半は、ブルートレインブーム真っ盛りでした。もちろんボクも始発電車に乗って東京駅へ行き、上京してきた九州ブルートレインを見て大興奮した普通の小学生だったわけです。しかし、ある本がボクの心に大きな変化をもたらします。それが『特急・急行大百科』です。華やかな特急に目を奪われていたボクは衝撃を受けました。当時の急行列車のすべてを掲載したこの本には、ローカル線への直通列車、3列車以上を連ねた多層建て列車、起点へ戻ってくる「循環急行」、末端では1両になってしまう列車など、背伸びして読んだ鉄道雑誌や見方もよくわからず眺めた時刻表からは得られない情報が満載だったのです。20系寝台車が急行列車に転用され始めた頃でしたが、

昭和52年、上野駅。485系「ひばり」と583系「はつかり」の並びは上野駅で見られるありふれた光景の一つでした。ボンネットのクロ481はデカ目の0番代。2両目もサロだったはずです。

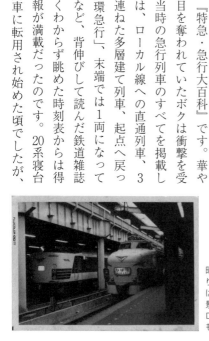

昭和52年、東京駅。20系は憧れでした。その夢は昭和56年、中3の修学旅行で新潟から大宮まで「天の川」に乗車できたことで叶いました。

多様な一般型客車を連ねた列車も健在で、上野駅から北へ向かう夜行急行に強く憧れを抱くようになりました。しかし、間もなく首都圏から一般型客車は姿を消して行き、後にその幻影を追いかけて海外まで足を運ぶことになります。

そして『特急・急行大百科』からもうひとつ学んだのは、「すべてを掲載する」という考え方でした。鉄道を扱った媒体は数多くありますが、画像のあるものだけを掲載する、知っている情報だけを発信する、というものが増えたように思います。ボクが『週刊鉄道データファイル』を創刊させたときに掲げた目標は、『特急・急行大百科』が急行のすべてを掲載した編集方針を踏襲することでした。また機会があれば、当時の鉄道少年たちを興奮させるような鉄道本を作ってみたいと思います。

昭和52年、上野駅。「つばさ」はピカピカの新車、485系1000番代でした。奥は20系の「十和田」。

昭和52年、品川駅。カニ21とナハフ10の組合わせになぜか興奮。ナロネ22も写っています。

南作品は料理人をも育てた!?

大友秀俊《おおともひでとし》

昭和48年長野県出身。リゾートホテル等勤務を経て独立。現在「信州から撮って、書いて、発信もするフランス料理人」三足の草鞋を履く。

私をフランスに旅立たせたのは南先生のICEの写真作品

「ホレ、これでも読め」。小学生の頃、母方の祖母が買ってきてくれた某鉄道誌。寝台特急あさかぜの乗車ドキュメントが特集され、旅情感溢れる写真とともに夜行列車の旅を疑似体験でき、ブルートレインに乗るなど夢のまた夢だった信州の田舎者少年はとても嬉しかったのを覚えている。そこには「カメラ 南正時」とあった。影響を受けて、それからまもなく鉄道写真撮影を始めた。

2016-5-19、北陸新幹線・長野-飯山。取材にご一緒させていただいた時に撮影。

親父のカメラを借り、教科書は主に「ケイブンシャの大百科」。ネットなどない時代の大事な情報源だった。フイルムや現像代も安いものではなかったから「一枚入魂」「一期一会」で撮らねばと（結果はともかく）、中学、高校に至るまで何度も読み込んで見様見真似で学んだものだ。だから「教科書」はボロボロにバラけてしまい、セロテープで補修しては使っていたが長くは持たず、手元に一冊も残さなかったことが悔やまれる。

高校を卒業すると故郷を離れ大阪の専門学校に進んだが、バブル崩壊後の余波を受け就職難に困惑する日々のなか、鉄道誌を見ていたら美しい高架橋を行くドイツ・ICEの写真が目に飛び込んできた。

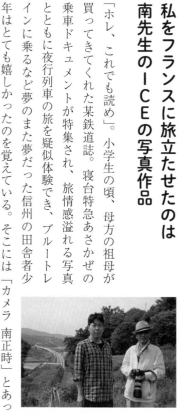

1987-1-11、大糸線・島高松。撮影当時中学１年生で、某鉄道誌の投稿コーナーに採用された作品。同じ号の鉄道写真家の仕事を紹介するコーナーに南先生が登場されている。

「そうだ！　ヨーロッパへ行こう！」フランス行きという人生の一大決心を下してくれたその写真こそ南先生の作品である。

滞在中は数回だけだが鉄道の旅に出て、南仏まで乗ったり、ドイツのオーバーヴェーゼルで途中下車し１０３型電気機関車の牽く列車を撮影したりと、SNCFとDBを中心にヨーロッパの鉄道が大好きになった。

帰国してからは「修行」が重要な職に就き、趣味どころではなくなってしまい鉄道とはしばらく疎遠になったが、デジタルの時代になって気軽に撮れるようになったこともあり復活。facebookでつながるご縁もいただき、少しだけ近づけた気がしたのと、高倉健さんファンという共通点を発見したり。

２年前、ビックリな出来事が起こる。ある集いで初めてお会いすることができたのだ。その後、信州での撮影取材に図々しくご一緒させていただき、少年時代に憧れだった「雲の上の人」と過ごした初夏の一日は、先生の気さくで温かなお人柄も重なって感激極まりないよき思い出となった。

あれから三十余年、多くの学びや影響をいただき、人生の鉄路がずっと続いていたように思えてならない。よい「教科書」があったからこそ、当時の鉄道少年たちは正しい道を学んで楽しく撮ることができた。そして、いい大人になった今もルールとマナーを守って撮影に勤しんでいるはずだ。こうして南先生は多くの「弟子」を育てられたのだ。出逢えたことに感謝、感謝であります。

次の夢は、フランスとドイツの鉄道の旅をご一緒すること、である。

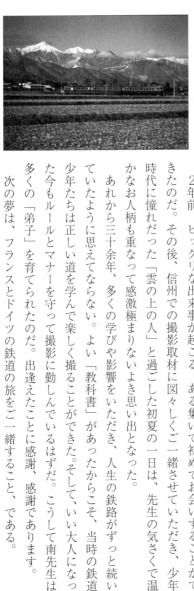

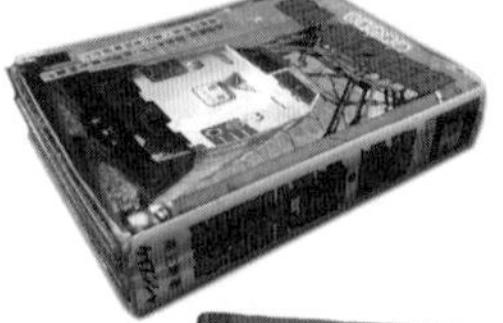

製本が壊れてページごとにバラバラになりつつある本。その補修の跡は思い入れの象徴だ。

長じて無類の鉄道書好きに

福島久登《ふくしまひさと》

昭和 47 年京都市生まれ。大阪産業大学鉄道研究部卒業後、平成 10 年に鉄道同人誌作成集団「日本鉄道研究団体連合会」を仲間とともに立ち上げる。無類の鉄道書・鉄道雑誌好き。

「大百科」が「本そのもの」への興味も作った

手元に無番時代の『特急・急行大百科』がある。保存状態は芳しくないが、幾多の引っ越しをくぐり抜けてなお、就学前から所有している唯一の書籍だ。奥付には昭和52年6月発行とあるので、幼稚園に入園したばかりの頃だ。鉄道絵本では満足できなくなった私に買い与えてくれたのであろう。『特急・急行大百科』は怪獣の身長、体重よろしく、走行距離、走行時間、表定速度が掲載されており、子供にはたまらない情報であった。また、それぞれの列車の解説文から「命名」「ロングラン」「快走」「ムード満点」という言葉も覚えていく。

世はブルートレイン・L特急ブーム真っ只中で４８５系やＥＦ65５００番台牽引のブルトレのみが掲載された児童書ばかりの中、急行列車にまで紹介している児童書は他になかった。そこには無骨なＥＦ57牽引の「津軽」が載っている。衝撃であった。その魅力に憑りつかれた私は、朝から晩まで眺め、必然的に本の「造り」にも興味がわくようになり、ケイブンシャの大百科にはナンバーがあるものとないものとがある等に関心を持つには時間はかからなかった。小遣いを貯めてはゲームではなく鉄道書を買い集める少年に育っていった。

それから40年。私は鉄道書を買い求め続けている。

やっと良品を再入手＾＾

細《ほそ》田《だ》喜《よし》仁《ひと》

昭和53年生まれ。3歳から鉄道趣味人。鉄道友の会秋田支部支部長。

どんなに古びてしまっても宝物

『ブルートレイン最新版』という本が私の本棚にあります。本としての状態はよろしくなく、表紙はなくなっており、中身のページも所々なくなっています。その主な理由は、当時、幼かった私は本の扱いが丁寧ではなかったから、どこへ行くにも必ず持参していたから、勉強する時間を惜しんで繰り返し読んでいたから、です。

当然のことながら、幼かった私には、金銭的にも、行動的にも、制約がありました。今思い返すと、本を繰り返し読むことで、全ての夜行列車の情報を頭に詰め込むことで、全ての夜行列車に乗りたいけれども乗れない残念な気持ちを頭の片隅で極力圧縮して小さくしようとしていたのかもしれません。

夜行列車の本に限らず、南正時先生の各鉄道系の御著書は、当時、幼かった私にとりましても、現在、大人になりました私にとりましても、かけがえのない一冊です。現在、私の本棚にある『ブルートレイン最新版』は、私個人的には、バイブルであり、当時を懐かしむ貴重な資料でもあり、そして、在りし日の全ての夜行列車そのものなのです。

南さんと旅の取材でご一緒すると、鉄道の見どころへもついつい足がのびる。三重県桑名市の取材の際、足を延ばして四日市の可動橋・末広橋梁へ。あいにく桁が下がらず、このポーズ。

大百科育ちの!?　旅行ガイドブック編集長

村上真一《むらかみしんいち》

編集者。実業之日本社ブルーガイド編集長。『汽車旅 100 選』ほか『ぶらりニッポン鉄道の旅』『懐かしの鉄道遺産を旅する』など、南正時著の鉄道と旅の出版物を担当する。

『鉄道大百科』発↓『汽車旅100選』行き

「特急」「急行」「機関車」「全車両」……。鉄道大百科は個々のテーマはマニアックだが、鉄道ジャンルを幅広くカバーしているという意味では、乗り鉄も撮り鉄も車両鉄も収集鉄も、どんな嗜好のファンもとりこめる。こどもの鉄道入門書としての広い間口が様々な鉄道趣味層が育つ下地となったのだろう。

自分の大百科との接点は、小学校高学年の頃に手に取った『国鉄全線大百科』と『私鉄全線大百科』だ。特急やブルートレインではなくこちらに惹かれたのは、当時から「乗り鉄」の素地があったからかも知れない。カメラを首からぶら下げて東京駅や上野駅に早朝から詰めるより、周遊券を駆使してチャレンジ2万キロの乗りつぶしに精を出すのが好き。客車鈍行にタラコ色のディーゼルカー、旧型国電が誌面を飾る、本書にいざなわれての列車の旅が、のちに旅行書の編集者となるのに影響したのは間違いない。

ブルーガイド情報版『汽車旅100選』の最初の号は1992年刊。当時はまだ珍しかった、列車に乗ることを目的とした旅を提案する雑誌だった。

　そんな趣味も高じて実業之日本社ブルーガイド編集部に入り、はじめて単独で受け持った仕事が、情報版『汽車旅１００選』。しかも本書の中心となってディレクションなさるのが、なんと南さんというご縁！ いわば鉄道大百科の著者と、読者だった編集者のコンビで、鉄道の旅をテーマとした雑誌に取組むこととなった訳である。本誌の編集や取材を南さんと進めていて、よく耳にする言葉が「マニア向けだけじゃなくて…」。鉄道ファンだけではなく、一般の人にも鉄道の良さや楽しさを広めようとの南さんの思いは、本誌の編集方針にも大きく影響することになった。幅広いジャンルのファンを獲得することから、ファンを超えた先への発信へ。南さんの携わる鉄道媒体が常に広く読者を見据えているのは、大百科の頃から変わっていない。

　鉄道大百科を始発駅にして、自身がたどりついた『汽車旅１００選』。南さんと楽しく編集させてもらったこの雑誌、自分にとってはいわば「おとなの鉄道大百科」である。

1322列車を牽く東新潟区のEF81。左上「とがくし４号」の乗車案内板、奥はDD13。

自由研究で「同乗記」

磯《いそ》部《べ》祥《やす》行《ゆき》

昭和47年1月生。実業之日本社趣味実用編集長。鉄道書では『鉄道の旅手帖』シリーズ、『東京メトロ　建設と開業の歴史』ほか。鉄道の新しい「観点」で雑誌を作りたいと長年思っているが、実現していない。

小学生が書いた「同乗記」

小学校4年生の時の「夏休みの自由研究」は「同乗記」だった。寝台特急だったらよかったのだが、そんなことは小学生には現実的ではなく、「1322列車」。当時住んでいた新潟から直江津まで行く、早朝5時55分発の客車列車だ。その列車が、列車番号を変えながら長野、高崎経由で上野まで往復していると知ったのはそのずっと後だった。

朝、バスもない時間帯に、父にクルマで駅まで送ってもらった私は、一人で先頭のナハフ10に陣取った。目測のコンパクトカメラで写真を何枚か撮りながら、車窓をメモしていった。とはいえ、子どもだから車窓に見える何かを理解する知識も書ける能力もない。また、子どもが乗務員や他のお客さんの写真を撮ったりインタビューできるわけもない。結局、断片的に「○○駅着」などとしか書けず、以前に撮っていた各駅の駅名標の写真を貼り付けた、画用紙3枚に書かれた「同乗記」が完成した。車中、車掌さんに初めてにして最後の、昭和57年11月14日下り最終181系「とき」。何の知識もないくせに、目測のコンパクトカメラに、大百科で知ったトライXを詰め、フラッシュを焚いた。

磐越西線の旧型客車。やはりモノクロで撮影。新津駅にて。

ときどき、新潟駅に写真を撮りにいった。入場券1枚で、朝から夕方まで、列車を見ていた。

頼み、車内補充券を作ってもらった。いま残っているのは写真数枚と、この車補だけだ。

そのころ、学校から帰ると、毎日のように車両の絵を描いていた。すべて、えがしら剛さんの真似をしたものだ。『国鉄全車両決定版』などを見ながら、車両の真正面に手足と目玉をつけた絵を八つ切り画用紙いっぱいに描いていた。事業用車や産業用の車両まで描いた。いつだか、実家から「子供のころに描いた絵が出てきた」と連絡があったのだが、どう返事をしたっけな…。まだ実家の床下の物置にあるに違いない。

そんな南さんとえがしらさんのペアの「大百科」が大好きだった。実業之日本社を知ったのは『国鉄全線大百科』だ。この本は読みすぎて傷んだので2冊目を買った。「大百科」を実業之日本社で出していなければ、私はここにいなかったかもしれない。今回ご寄稿いただいた方々と同じく、私の人生も南さんの「大百科」が決めたのだ。そしていまこうしてこの本に携われることを幸せに思っている。

おわりに

私は現在70歳と4カ月。ケイブンシャの大百科No.5『機関車・電車大百科』を編集、取材中は29歳、若気の至りでただがむしゃらに鉄道を撮っていました。鉄道が好きでしたから「好き嫌い」はなく、何でも撮り、人の撮っていない鉄道まで撮ってやろうという貪欲さでした。その貪欲さが鉄道大百科の礎を築いたのです。その撮影方針は今もなんら変わっていません。

30歳で結婚してやがて二女をもうけました。それまで鉄道を追っていた私が、今度は生活のため子育てのため、鉄道写真を仕事と割り切り、またまた真剣に貪欲に撮り始めました。その生き方が大百科シリーズを成長させたと今は思っています。

子供ができると、子供の目線からの生活も始まりました。子供たちは何を思っているのだろう？　鉄道をどう思っているのだろう？　そんな思いでいるときに、鉄道大百科のコンセプトは固まりました。多くの少年たちの支持を受け、鉄道大百科シリーズは出版されました。

年月を経て幾星霜、今、当時の鉄道少年たちが立派に成長され、少年時代の鉄道を振り返るときに、鉄道大百科の幻影がありました。同じ時代を過ごしてきた実業之日本社の編集者の鉄道少年たちも、5年前から復刊を夢見ていました。しかし、諸事情などからそれは叶わず、長い企画の間を経てようやく今回の刊行にこぎつけました。それにはかつての鉄道少年たちの後補機の機関車のような力強い後押しがあったからです。

刊行にあたり、元勁文社の故酒井征勇氏に謹んで本書を捧げ、刊行にあたってひとかたならぬ情熱で編集に携わった実業之日本社の磯部祥行さん、村上真一さん、岩野裕一さんにお礼を捧げ、そして寄稿して下さった当時の鉄道少年たち、サポートしてくださった昭和50年代の鉄道少年（少女）に感謝の気持ちを込めて本書をお届けしたいと思います。

平成29年1月元旦

南正時　70歳

南正時　みなみ・まさとき

1946年福井県出身。紀行写真家。1964年に東海道新幹線試運転電車を初撮影して以来、50年以上の鉄道写真の経歴を持つ。アニメーション制作会社勤務後、1971年『週刊漫画アクション』のカラーグラビア「SLを追って」長期連載後、勁文社の鉄道大百科シリーズを手掛ける。1975年に初渡欧、世界の鉄道も精力的に取材を続け、著書、テレビ、ラジオ、映画のメディアで幅広く活躍。著書は『鉄道写真の撮り方』『ぼくは鉄道カメラマン』『JR全路線』（実業之日本社）、『寅さんが愛した汽車旅』（講談社）、『今、乗ってみたいローカル線』（自由国民社）、『南正時のRailways』（クラッセ）など50冊を超える。

日本旅行記者クラブ・日本アニメーション協会会員

制作協力…青森恒憲、えがしら剛、大友秀俊、酒井征勇、杉本聖一、鈴木好和、遠山泰彦、福島久登、細田喜仁、宮脇灯子、山﨑友也（50音順）

装丁…松村大輔（のどか制作室）
カバーイラスト…えがしら剛
本文デザイン・DTP…小川律子
編集…磯部祥行（実業之日本社）

鉄道《てつどう》「大百科《だいひゃっか》」の時代《じだい》

2017年2月10日　初版第1刷発行

著　者…南　正時
発行者…岩野裕一
発行所…株式会社実業之日本社
〒153-0044　東京都目黒区大橋1-5-1 クロスエアタワー8階
電話【編集部】03-6809-0452
【販売部】03-6809-0495
www.j-n.co.jp
印刷・製本…大日本印刷株式会社

ISBN 978-4-408-11212-1（第一趣味）